_____ 님께

♡ 행복한 성공을 나누고 싶은

_____ 드림

선입견을 버리면 기회가 되는

네트워크
마케팅

남택수 지음

아름다운사회
Beautiful Society

처음 맞는 100세 시대,
대안이 필요한 지금

아직 실감하지 못하는 사람이 많지만 평균수명 100세 시대가 코앞으로 다가왔습니다. 미국의 시사주간지 〈타임〉은 지금 태어난 아기들은 평균수명이 142세라는 연구 결과를 기사로 실었습니다. 평균수명이 142세라는 것은 150세나 160세까지 사는 사람도 많을 것이라는 얘기인데, 어쩐지 오래 살아서 기쁘다는 생각보다 '너무' 오래 사는 것이 아닐까 하는 걱정이 앞섭니다.

좀 더 생각해보면 평균수명이 늘어나면서 함께 늘어나는 것이 있고 그렇지 않은 것이 있음을 알 수 있습니다. 가령 평균수명이 120년으로 늘어나는 경우, 기존에 20년 정도였던 노후는 60년 이상으로 늘어납니다. 반면 정년은 늘어나지 않습니다. 돈을 버는 기간이 같거나 줄어드는데 소득 없이 살아야 하는 노후가 급격히 늘어난다는 의미입니다.

그럼 노후에 접어들기 전에 얼마나 많은 돈을 모아야 '평범한' 노후생활이나마 유지할 수 있을까요? 물가가 전혀 오르지 않는다는 비현실적인 가정을 해도 1년에 2,000만 원, 10년에 2억, 60년에 12억이 필요합니다. 과연 우리는 정년이 오기 전에, 즉 노후로 접어들기 전에 그 돈을 모을 수 있을까요?

늘어난 수명에 따른 경제활동과 노후생활 기간 변화

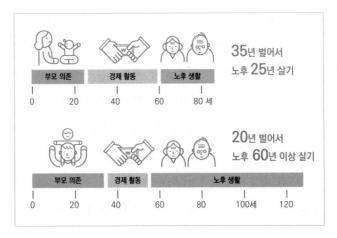

우리에게 어떻게 살아야 하는가를 가르친 부모와 교사 세대 때는 성대하게 환갑잔치를 치르고, 80세를 전후해 사망하는 것이 상식이었습니다. 그때는 20대 중반이면 일자리를 마련해 경제생활을 시작했고 60세까지 정년을 보장받으며 직장생활을 했습니다. 특히 대한민국 경제가 성장가도를 달리던 시절에는 내 집 마련이 지금처럼 어렵지 않았습니다.

지출의 최우선순위가 부모 봉양과 자녀 양육, 교육비, 결혼자금 순이었기에 특별히 노후를 준비할 여유는 없었습니다. 그런데도 불구하고 은퇴 후 20여 년의 노후기간 동안 씀씀이를 줄이고 자녀에게 약간 도움을 받으면 경제적으로 크게 힘들지는 않았습니다. 이들은 경제성장의 도움을 받아 35년간 벌어서 25년의 노후를 사는 셈입니다.

이제 모든 것이 달라졌습니다. 이런저런 이유로 30세는 되어야 경제활동을 시작하는데 그마저도 일자리를 구하지 못한 청년들이 넘쳐나고 있습니다. 정년의 개념은 IMF 이후로 유명무실해졌고 자영업은 레드오션이나 포화상태라는 표현이 오히려 부족할 정도입니다. 현실적으로 월 100만 원도 벌지 못하는 자영업자 비율이 50퍼센트가 넘는 상황입니다.

국내경제는 말할 것도 없고 세계경제마저 마이너스금리를 예측할 정도로 불황이 이어지는 상황이라 수익을 올리는 것이 대단히 어려운 지경입니다. 주택 투자로 돈을 버는 것도 불가능해 졌습니다. 우리의 삶을 뒷받침해주는 경제적 환경은 나빠지고 있는데 오히려 수명은 100세 이상으로 늘어나면서 노후기간이 급격히 길어지고 있습니다. 60년 또는 그 이상의 노후를 맞이하고 있는 것입니다.

경제활동기간은 줄어들고 그 기간 동안 자산을 만들 기회도 희박해졌는데 노후기간만 대폭 늘어난 겁니다. 어쩌면 아무 소득 없이 60년 이상을 살아가야 할지도 모릅니다. 20년 동안의 경제활동으로 60년 이상의 노후기간을 준비해야 하는 상황이라는 얘기입니다.

준비 없이 노후를 맞이한 '나'는 누가 부양해야 할까요? 자기 인생을 꾸리기에도 벅찬 자녀에게 부양을 기대하는 것은 어려운 일입니다.

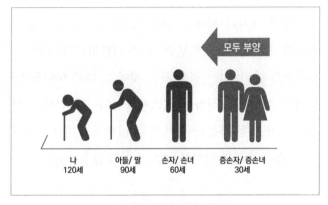

모두 부양

나	아들/ 딸	손자/ 손녀	증손자/ 증손녀
120세	90세	60세	30세

고령화 시대의 가족 구성

연금으로 노후를 대비하는 사람도 있지만 연금보험
을 만드는 담당자였던 저는 여기에 동의하지 않습니다.
최소한의 안전장치인 연금은 심리적 위안을 주긴 해도
노후 대비라는 말에는 걸맞지 않습니다. 곰곰이 생각해
보십시오. 25년 경제활동으로 무려 60년의 노후를 준비
해야 하는 시대입니다. 정년까지 지금 가진 부채를 모
두 상환하고 추가로 12~15억원을 모아두어야 한다면
지금 하고 있는 일로 그렇게 준비할 수 있을까요? 이 어

network marketing ①

마어마한 과제 앞에서 우리는 반드시 노후 대비 방법을 찾아야 합니다.

노후가 닥치기 전에 큰 돈을 모아 그 돈으로 노후를 준비하지 않는 이상 방법은 두 가지뿐입니다. 하나는 노후에도 할 수 있는 일을 찾는 것이고, 다른 하나는 노후에도 소득이 발생하는 시스템을 찾는 것입니다. 이 두 가지가 모두 가능한 것이 바로 네트워크 마케팅입니다. 그렇다면 한번 알아볼 필요가 있지 않을까요?

기회와 선입견 사이에 놓인 네트워크 마케팅

네트워크 마케팅의 대표적인 선입견은 이렇습니다.

- 사람을 끌어들여야 돈을 번다.
- 윗사람만 돈을 버는 구조다.
- 품질이 좋지 않은 물건을 비싸게 판다.

이러한 선입견에 전혀 근거가 없는 것은 아닙니다.

불법회사들로 인한 피해 사례가 실제로 많았습니다. 많은 사람이 참여하면서 실제 피해 사례가 발생하기도 했습니다. 우리는 이미 TV와 신문에서 불법 다단계 회사의 전국적인 피해 사례를 여러 차례 접해왔습니다. 30~40대 성인 중 적지 않은 사람들이 불법 다단계 사업자를 직접 만나본 경험이 있을 정도로 불법 회사가 기승을 부렸습니다.

국내에 2,600개 이상으로 추정되는 네트워크 마케팅 회사 중 공정거래위원회에 등록된 회사가 2016년 말 기준 128개에 불과하다는 것은 어떤 의미일까요? 우리는 왜 나머지 회사가 등록하지 않은 채 영업을 하는지 생각해봐야 합니다. 돈이 된다 싶으면 어딜 가든 불법이 판을 치게 마련이고 결국 직간접적으로 피해를 보는 사람이 늘어나면서 자연스럽게 부정적 선입견이 생겨납니다.

최근 5년간 네트워크 마케팅 회원(사업자) 현황

연도	2011년	2012년	2013년	2014년	2015년
등록회원(명)	415만	470만	572만	689만	796만
후원수당 수령(명)	106만	118만	126만	134만	162만
후원수당 총액(원)	9,488억	1조 668억	1조 2,962억	1조 4,625억	1조 6,775억

출처: 공정거래위원회

그렇다고 무작정 네트워크 마케팅을 멀리하기엔 이미 시장이 커졌습니다. 아마 여러분도 제품이나 사업기회 혹은 문화로 네트워크 마케팅을 접해보았을 것입니다. 다른 한편으로 이것은 우리가 대안이 필요한 시대에 살고 있음을 의미합니다.

이제 불법적인 행위를 일삼는 회사들을 처벌하는 것을 넘어 정상적인 네트워크 마케팅과 이를 사칭하는 불법 회사를 가려낼 각자의 기준이 필요한 시기로 접어들었습니다. 다행히 정상적인 회사와 불법 회사를 구분하는 기준이 그리 복잡하거나 어렵지는 않습니다.

상식적인 수준에서 간단하게 몇 가지만 확인해보면 쉽게 구분할 수 있는데도 그 방법을 알지 못해 기회를 놓치고, 심지어 피해를 보는 일이 더 이상 생기지 않기를 바랄 뿐입니다.

정상적인 네트워크 마케팅 회사는 상식적인 구조를 갖추고 있습니다.

| 정상적인
| 네트워크 마케팅 회사의 구조

- 사람을 끌어들여서는 돈을 벌 수 없는 구조
- 다운라인이 돈을 벌지 못하면 업라인도 돈을 벌 수 없는 구조
- 좋은 제품을 제대로 유통시키지 않으면 돈을 벌 수 없는 구조

이처럼 회사가 정상적인 구조를 갖추고 있으면 개인의 양심과 인성이 아무리 잘못되었더라도 문제는 극소수로 줄어들 것입니다. 문제가 사라질 경우 업계 전반과 관련해 부정적 선입견이 생길 이유는 전혀 없습니다.

네트워크 마케팅에 대한 선입견을 없애는 궁극적인 방법은 비정상적인 네트워크 마케팅 회사들을 솎아내는 것입니다. 이것은 단순히 법과 단속을 강화하는 것만으로 가능한 일이 아닙니다. 상식적·기본적인 지식을 갖춘 사람이 늘어나고, 정상과 비정상을 구분하는 기준을 아는 사람이 많아지면 네트워크 마케팅을 사칭하는 불법 회사들은 설자리를 잃게 됩니다.

이 책은 네트워크 마케팅에 관한 선입견을 해소하고

프롤로그

network marketing ①

정상적인 회사의 조건을 상식선에서 이해할 수 있도록 그 기준을 보여주고 있습니다. 당연히 불법 회사의 맹점과 위험도 다루고 있습니다. 가장 중요한 한 가지 기준은 '그 회사의 제품이 일상적으로 유통되고 있느냐' 하는 점입니다. 제품의 품질이 조악해 사업자가 아니면 굳이 쓸 가치가 없을 경우 절대 유통이 일어날 수 없습니다.

유통과 상관없이 사람을 등록시키면 돈을 버는 회사는 근본부터 피해자를 만드는 회사입니다. 제품을 유통시켜야 돈을 버는 사업인지 아니면 사람을 끌어들여야 돈을 버는 사업인지 구분하는 것은 어렵지 않습니다. 쉽게 큰 돈을 벌 수 있는 사업이라는 말에 현혹되어 이 기준에서 벗어나는 회사를 선택하지 않도록 구분하는 지혜를 발휘해야 합니다.

제 지인 중에도 네트워크 마케팅을 부정적으로 보는 사람이 많습니다. 그들과 만나 사업 이야기를 주고받을 때, 저는 사람들이 선입견을 보이는 것은 자연스러운 반응이라고 말합니다. 그러한 선입견은 업계의 암적 존재들을 도려내지 않는 한 사라지지 않을 것입니다.

하지만 편의점이나 대형마트가 그랬던 것처럼 네트워크 마케팅은 이미 여러분의 생활에 가까이 다가와 있습니다. 지금 여러분의 주변에서 네트워크 마케팅 사업을 하는 사람이 늘어나고 있나요, 아니면 줄어들고 있나요? 아마 여러분의 친구, 가족, 직장동료, 그 밖에 여러분이 신뢰하는 누군가가 네트워크 마케팅을 선택하는 사례가 점점 늘고 있을 겁니다.

만약 여러분이 네트워크 마케팅에 관심이 있다면 어떤 기준으로 정상적인 회사를 가려내야 할까요? 어떤 회사가 불법 회사이고 또 어떤 회사가 사람을 끌어들이는 데 목적을 둔 회사인지 어떻게 구분할 수 있을까요?

네트워크 마케팅 사업을 할지 말지는 개인의 선택에 달린 일입니다. 네트워크 마케팅은 대안이 필요한 지금 경제적으로 준비하기 위한 여러 옵션 중 하나이지 유일한 방법은 아닙니다. 그렇지만 명확한 구분 기준이 있는 사람에게는 네트워크 마케팅이 분명 100세 시대를 준비하는 안전하고 훌륭한 기회를 제공할 것입니다.

차례

제2장 선입견과 구분의 지혜

제3장 섣부른 판단과 허세는 금물

제4장 결정했다면 단단하게 시작하기

선입견을 버리면 기회가 되는 네트워크 마케팅

1장

'안전해 보이는 곳'에서
'안전한 곳'으로

'안전해 보이는 곳'에서 '안전한 곳'으로

　일부 사람들은 부자에게 반감을 보입니다. 하긴 신문이나 TV 뉴스에 나오는 부정부패를 보면 돈을 정당하게 버는 사람이 과연 있기나 한 것인지 의문이 들기도 합니다. 그러나 부자에게 부정적 선입견이 있으면 부자가 되기 힘듭니다. 분명 정당하게 노력을 기울여 부자가 된 사람들도 많습니다. 그들이 누리는 행복을 동경하고 '나도 그렇게 살고 싶다'는 바람이 부자가 되고자 하는 동기를 불러일으킵니다. 동기가 없는 곳에는 결과도 없습니다.

1. 돈의 가치를 깨닫다

학창 시절 저는 열심히 노력해서 가고 싶어 하던 외국어고등학교에 진학했습니다. 실력이 쟁쟁한 친구들이 모인 곳이다 보니 중학교 때처럼 전교 석차가 높게 나올 것이라고 기대하지는 않았습니다. 실제로 고등학교 시절에 제 성적은 중하위권을 왔다 갔다 했습니다.

그러나 이것은 어느 정도 예상한 일이었고 전국 석차는 최상위권을 유지해서 성적 때문에 스트레스를 받지는 않았습니다. 문제는 다른 곳에서 불거졌습니다. 강남 학군 출신 학생이 많은 학교다 보니 잘사는 친구들이 꽤 많았던 것입니다.

부족하지도 넘치지도 않는 평범한 가정에서 자란 제게 부자 친구들은 부러움의 대상이었고, 그때의 그 느낌은 지금까지도 제 삶에 중요한 동기를 부여해주고 있습니다. 고등학교 시절 저와 친구들은 좋은 옷, 좋은 학용품처럼 작은 것에서 차이가 있었습니다. 대학 시절에는 그것이 좋은 차와 여유 있는 씀씀이로 범위가 더 커졌습니다. 그런데 사회에 나온 이후에는 10억이 넘는 좋은 신혼집, 수입차, 경영자 수업, 유학을 선택할 수 있는 인생 등으로 그 격차가 엄청나게 벌어졌습니다.

다행히 이러한 차이가 제게 실망감이나 좌절감을 안겨준 것은 아닙니다. 사실 저는 좋은 차, 좋은 집이 부러웠던 것이 아니라 '선택할 수 있는 인생'이 부러웠습니다. 그렇지만 그 부러움은 나쁜 감정으로 흐르지 않았고 오히려 더 열심히 노력해 내 아이에게는 친구들처럼 선택할 수 있는 인생을 선물하고 싶다는 생각이 강렬해졌습니다.

한마디로 저는 아이에게 '선택할 수 있는 인생'을 선물하기로 '선택'한 겁니다. 스스로 노력해서 이룬 부로 내 아이에게 생계에 얽매이는 것이 아니라 원하는 인생을 선택할 여력을 만들어주는 것이 제가 생각하는 부자의 의미이자 돈의 가치입니다.

그래서 대기업 중에서도 연봉이 높은 회사를 선택해 입사했고, 일할 때도 남과 다른 각오로 임했습니다. 좋은 회사에서 최선을 다해 일하는 것이 부자가 되는 방법이라고 믿었기 때문입니다. 16년 동안의 학창 시절 내

내 부모님과 선생님도 제게 그렇게 가르쳐주었습니다.

2. 안전해 보이지만 안전하지 않다

삼성에 입사해 그룹연수를 받던 시절이 아직도 생생하게 기억납니다. 원하던 회사에 들어가 마음이 들떠있던 수백 명이 연수원에 모여 성취감과 기대감을 공유하면서 한 달여간 합숙교육을 받았습니다. 그때 기본 소양 교육과 소속감 및 자부심을 높이는 교육이 계속 이어졌습니다. 가슴에 달고 있는 회사 배지가 마치 제 자존감까지 올려주는 듯한 느낌이 들었습니다. 갓 대학을 졸업한 청년들에게 그 시간은 정말 행복한 순간이었습니다. 그야말로 앞으로의 성공을 약속하는 보증수표를 받은 기분이었습니다.

입사로 들뜬 마음을 간신히 가라앉히고 제가 처음 맡은 업무는 보험 상품을 개발하는 일이었습니다. 보험 상품 개발은 컴퓨터가 아닌 사람이 합니다. 비록 사칙연산에서 크게 벗어나지 않는 계산이지만 대신 아주 많이 반복해야 합니다. 제가 엑셀 프로그램으로 복잡한 수식을 연산해 얻어내야 하는 값은 이런 것들이었습니다.

- 매달 10만 원씩 모으면 현 금리로 30년 뒤 얼마가 될까?
- 20년 후 1억을 만들려면 지금 몇 퍼센트 금리에 얼마씩 모아야 할까?

보험 상품을 만드는 일을 하다 보니 30년, 40년 후 내가 받는 100만 원은 과연 얼마의 가치가 있을까 하는 의문이 들었습니다.

'만약 미래의 100만 원이 지금의 10만 원 가치에 불과하다면, 지금 내가 한 달에 30만 원씩 내는 연금에 가입하는 것이 맞을까? 돈이 아까운 건 둘째치고 은퇴 후에는 연금 외에 소득이 없는데 그 정도 금액으로 생활이 가능할까?'

보험 상품 개발 업무를 맡으면서 미래의 돈 가치를 이해한 저는 '직장에 다니면서 연금으로 노후를 준비한다'는 것이 환상일 뿐이라는 사실을 깨달았습니다. 그냥 그렇게 지내다가는 아이에게 '선택'을 선물하기는커녕 오히려 내가 심각한 짐이 될 것이 뻔했습니다.

제가 인사팀에서 근무할 때는 인력운영 업무를 맡았습니다. 인사에는 인력운영, 채용, 평가, 급여, 교육, 복지 등의 여러 분야가 있는데 그중 인력운영은 임원·부서장 인사와 부서배치·발령 그리고 희망퇴직 같은 업무를 담당합니다.

직장생활만으로는 미래가 불안하다는 생각을 하던 제가 인사팀에서 일하게 된 것이 문제였을까요? 회사에서 이해관계 아래에서 개인의 인생이 얼마나 위태로운지 낱낱이 지켜보면서 저는 직장인의 불안한 미래에 더 이상 제 인생을 맡길 수가 없었습니다.

회사생활을 열심히 한 직원이 임원·부서장이 되지는 않는다는 걸 알게 되었습니다. 오히려 20년 넘게 회사에 모든 걸 바친 선배들이 아이들이 중·고등학생이라 한창 돈이 들어가는 시기에 희망퇴직을 권고받고 대책도 없이 회사에서 나가기도 합니다. 그런 것을 보며 제가 회사에서 안정적인 미래를 꿈꾸는 것은 불가능했

습니다. 임원·부서장 선발은 개인의 능력이나 성실함
보다 회사의 이해관계가 기준이었고, 희망퇴직을 권고
받은 부장이 동료들이 인정하는 훌륭하고 실력 있는 사
람인 경우가 적지 않았습니다.

무엇보다 저는 회사생활 말고는 해본 것이 없는 상태
로 회사 밖으로 밀려나 노후를 맞는 일만큼은 정말 피하
고 싶었습니다. 휴일근무와 새벽까지 하는 야근은 물론
아침부터 저녁까지 인터넷 한 번 열어볼 여유도 없이 열
심히 일했지만 어느 순간 저는 회사라는 조직을 신뢰할
수 없었습니다. 회사는 어디까지나 이익을 창출하기 위
한 조직이고 회사에 개인의 인생이나 경제플랜을 책임
질 의무는 없다는 것을 새삼 깨달았기 때문입니다.

은퇴 후의 인생은 고사하고 회사에 다니는 동안에도
개인의 노력이나 실력을 정당하게 보상받을 수 없다는
사실은 굉장히 중요한 문제입니다. 저는 다른 대기업과
외국계 기업의 문화를 두루 확인해볼 기회가 있었기 때
문에 삼성의 인사 시스템과 조직문화가 국내 기업 중 최
상이라는 자부심이 있었습니다. 다른 기업은 더 열악할
거라고 판단했기 때문에 이직은 제게 대안이 아니었습

니다.

남들이 부러워하는 연봉 1억의 삼성맨에다 회사에서 잘나가는 인사팀 직원이었지만, 실상 저는 은퇴 이후의 삶이 안전하지 않고 직장생활 자체도 안전하지 않은 무방비 상태였습니다. 그나마의 직장생활마저도 사고로 다치거나 병에 걸리지 않을 때까지만 유효한 것이었습니다.

3. 뜻밖의 대안

어느 날 저는 아내에게 뜻밖의 부탁을 받았습니다.

평소 아내는 화장품을 백화점에서 구입했는데 대신 아는 언니에게 새로운 화장품을 권유받아 쓰는 중이었습니다. 쇼핑몰을 운영했던 그분이 화장품을 취급하기에 호기심 반, 의리 반으로 제품을 써본 겁니다. 그런데 제품이 백화점에서 판매하는 것보다 저렴했고, 피부까지 좋아져 아내는 상당히 만족하고 있었습니다. 피부가 예민한 저 역시 같은 회사 제품인 비누와 샴푸를 쓰면서 트러블이나 가려움이 줄어들어 만족하며 사용하고 있었습니다.

아내의 부탁이란 자기도 그 언니처럼 사업을 해보고 싶은데 혹시 위험한 일은 아닌지 알아봐달라는 것이었습니다. 당시 아이를 출산한 지 6개월밖에 되지 않은 아내가 돈을 벌 수 있는 일은 거의 없었습니다. 하지만 그 일은 출퇴근하지 않아도 시작할 수 있다고 하니 위험한 일이 아니면 한번 해보고 싶다는 얘기였습니다.

큰 욕심은 없고 한 달에 50만 원씩이라도 벌어 기저귀 값이라도 보태고 싶다는 아내의 부탁에 저는 알아봐 주겠다고 대답했습니다. 그렇게 우리 부부는 네트워크 마케팅 사업을 알아보기 시작했습니다. 큰돈을 벌기 위해 시작한 것도, 제가 회사를 그만두고 함께 뛰어들 각오로 시작한 것도 아니었습니다. 단지 투자금도 없고 출퇴근하지 않고도 한 달 50만 원의 추가소득을 벌 수 있다면 해보는 것도 괜찮겠다 싶어서 사업을 알아보기 시작한 겁니다.

4. 첫 만남과 백만 안티 글

무언가에 관심이 생긴 사람이 가장 먼저 하는 일은 무엇일까요? 그건 바로 인터넷 검색입니다. 예전에는 지인에게 물어보는 것이 첫 번째였지만 이제 그것은 두 번째로 밀려났습니다. 저도 마찬가지입니다. 저와 네트워크 마케팅과의 첫 만남도 역시 검색을 통해서였습니다.

만약 여러분이 지금 당장 인터넷에 접속해 네트워크 마케팅을 검색한다면, 아마 수많은 안티다단계 카페의 글을 만날 수 있을 겁니다. 그중 압도적으로 많이 차지하고 있는 것은 온갖 피해 사례와 악감정이 뒤섞인 댓글입니다. 그것을 읽다 보면 도저히 네트워크 마케팅을 하면 안 되겠다 싶습니다.

사업설명을 들어본 적도 없는 제가 온갖 안티 글을 보고도 아내의 사업 시작을 반대하지 않은 것이 신기하지 않나요? 그건 눈에 띄는 몇 가지 객관적인 정보 때문이었습니다. 그 정보는 회사의 국제신용등급, 해외증시에 상장한 내역, 공정거래위원회 공시 자료 등입니다.

감정적 비난, 비논리적인 악담, 주관적인 피해 경험으로 도배된 안티 글은 그 진위를 확인할 수 없었지만 객관적인 정보는 공신력 있는 경로를 통해 제가 직접 확인하는 것이 가능했습니다.

당시 제가 안티 글에 설득당해 아내에게 "절대 이 사업을 하면 안 돼"라고 말하지 않은 것이 천만다행입니다.

우리 부부가 회사에서 보내주는 싱가포르 여행 프로모션에 참가했을 때의 일입니다. 여행 중에 어떤 장소를 찾기 위해 검색을 하던 우리는 '어느 다단계 회사에 싱가포르 여행을 보내주는 프로모션이 있다는데 확인해보니 다 거짓말이더라' 하는 글을 보았습니다. 이미 나흘째 싱가포르에 머물며 남은 일정 중에 가볼 만한 곳을 찾던 우리는 정말 어이가 없었습니다.

갑자기 어느 힙합가수가 멀쩡히 졸업한 학교를 네티즌들이 졸업하지 않았다며 집단으로 모함한 사건이 생각났습니다. 그 사건은 끝내 법정 공방으로 이어졌고 일부 네티즌이 구속당하기까지 했습니다. 저는 그런 일이 여기에서도 일어나고 있구나 싶어 새삼 놀라웠습니다.

더 놀라운 건 그런 안티 글을 사실로 믿고 사업 검토를 중단하는 사람이 적지 않다는 점입니다. 네트워크 마케팅으로 성공한 사람들은 인터넷에 글을 쓰지 않습니다. 안티 글을 쓰는 사람 중에 네트워크 마케팅을 제대로 이해하는 전문가가 과연 있을까요?

그들은 바둑을 두는 사람들 곁에서 훈수를 두거나 TV로 축구 중계를 보며 선수들을 욕하는 사람과 같습니다. 훈수를 두는 것도, 편안히 앉아 열심히 뛰는 선수들을 욕하는 것도 각자 자유의사입니다. 그들은 그 말에 책임질 필요가 없습니다.

안티 글 때문에 사업을 시작하지 않는다면 그것은 남의 얘기에 마음이 흔들린 사람의 책임입니다. 사업을 검토할 때는 근거 없는 주장이나 주관적 피해 경험 대신 객관적으로 검증이 가능한 '정보'를 기준으로 판단해야 합니다.

물론 긍정적인 내용만 듣고 사업을 시작해서도 안 됩니다. 이미 국내에 2,000개 이상의 불법 네트워크 마케팅 회사가 판을 치는 시기에 사업을 권유한 사람들의 말만 믿고 사업을 결정하는 것 또한 어리석은 일입니다. 긍정적인 내용이든 부정적인 내용이든 객관적인 정보를 찾아 스스로 직접 확인하는 것이 가장 안전하고 현명한 방법입니다.

기회를 찾는 것도, 위험을 회피하는 것도 몇 가지 정보를 확인하는 '작은 신중함'만으로 충분히 가능합니다.

5. 내가 잘 아는 한 가지를 믿어보자!

제 경우 보험회사에서 상품을 개발하는 업무와 수십억, 수백억에 이르는 대기업의 연간 보험을 컨설팅해본 경험으로 신용등급에 대해 자세히 알고 있었습니다. 신용등급은 기업 운영의 세부적·객관적인 정보로 결정하는 지표입니다. 특히 신뢰할 수 있는 신용평가회사가 결정한 신용등급은 어떤 기업을 가장 포괄적으로 증빙하는 자료입니다.

제가 궁금해 한 회사의 긍정적인 정보 중 하나가 회사의 신용등급이었고, 저는 그것을 직접 확인해보기로

했습니다. 모든 정보를 일일이 확인하는 것은 불가능하지만 국제적으로 인정받는 정보가 사실이라면 나머지 정보의 신뢰성도 가늠해볼 수 있기 때문입니다.

그런데 '확인'이라는 게 그리 간단한 일은 아니었습니다. 해당 신용등급 평가회사의 홈페이지에 들어가 등급을 검색하려 하자, 법인회원만 조회가 가능하고 개인 자격으로는 등급을 조회할 방법이 없었습니다. 수소문 끝에 자산운용부서에 근무하는 직장동료에게 부탁한 저는 '해당 신용평가회사는 신뢰할 수 있는 세계 상위 신용평가회사이며 당신이 문의한 네트워크 마케팅 회사는 최고 등급을 받은 것이 맞다'는 회신을 받았습니다.

무엇보다 중요한 것은 '객관적인' 정보를 '직접' 확인하는 일입니다.

지인에게 의견을 물을 때도 마찬가지입니다. 지인에게 '이런 사업에 관심이 있는데 어떻게 생각하느냐'고 물으면 어떤 대답이 돌아올까요? 특히 배우자에게 물었을 때 진지하고 성의 있는 대답이 나올까요? 저는 사업을 하면서 아내에게 사업 이야기를 듣고 객관적인 피드 백을 주려고 노력하는 남편이 별로 없다는 사실을 알게 되었습니다.

대개는 네트워크 마케팅 사업에 대해 아는 것이 거의 없음에도 불구하고 반대하거나, 주변 사람이 사업을 그만둔 사례를 얘기하며 걱정합니다. 문제는 그렇게 말하는 사람이 아니라 그런 주관적인 의견을 듣고 사업을 아예 검토조차 하지 않는 사람에게 있습니다. 기회라고 느꼈다면 책임감 없는 조언에 귀를 기울이지 말고 스스로 객관적인 정보를 찾아 확인하고 검토하는 것이 중요합니다.

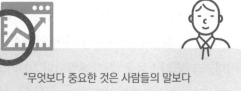

"무엇보다 중요한 것은 사람들의 말보다
'객관적인' 정보를 '직접' 확인하는 일입니다."

6. 반복해서 확인하고 확신하다

일단 신뢰할 수 있는 회사라는 것을 확인하고 사업에 관심이 생긴 저는 좀 더 구체적인 행동에 나섰습니다. 사업설명 강의와 성공 스토리, 제품 강의 등을 온라인·오프라인으로 들으며 적극적으로 사업을 알아보기 시작한 것입니다.

특히 사업 개념을 다시 들여다보고 성공한 사람들이 어떤 과정을 거쳤는지, 어떤 태도로 사업에 임했는지 주의 깊게 공부했습니다. 안타깝게도 저는 야근과 휴일근무가 잦은 부서에서 근무한 터라 출퇴근 시간 외에는 딱히 시간을 낼 수 없어서 출퇴근길에 동영상 강의를 들었습니다.

네트워크 마케팅은 조직을 구축하는 일입니다. 조직을 구축하면 그것이 내 자산이 되어 권리소득을 만들어줍니다. 그 권리소득은 직장생활이나 자영업으로는 벌 수 없는 많은 돈도 벌게 해주고 무엇보다 노후를 보장해줍니다. 여기까지 이해하고 나니 점점 더 호감이 갔습니다.

'네트워크 마케팅' 하면 사람들은 뉴스에 나온 불법 다단계 회사를 떠올리며 무언가를 강요하거나 세뇌할 거라고 생각합니다. 하지만 실제로 이 사업을 시작하는 사람들은 저처럼 책이나 강의를 통해 스스로 사업구조를 이해한 뒤 사업을 하기로 결정합니다. 사업 비전을 이해하면 도전해볼 만한 일입니다. 투자금도 필요 없고 투잡으로 시작할 수도 있어서 하지 않을 이유가 없기 때문입니다.

7. 먼 미래의 일로 괜찮네

아내가 사업을 시작한 뒤, 저는 투잡으로 사업을 돕기 시작했습니다. 주말에 아내와 함께 사람들을 만나 사업을 권유하기 시작한 것입니다. 평일에는 계속되는 야근으로 회사 업무 외에 다른 사람을 만날 시간이 없었지만 출퇴근길에 강의를 듣고 책 읽는 것을 게을리 하지 않았습니다. 출퇴근길의 쪽잠과 휴일의 휴식을 포기하는 게 아쉽기는 했지만 대신 미래를 위해 준비한다는 사실에 뿌듯했습니다. '이러다 돈을 많이 벌면 회사를 그만둬도 되겠네'라는 흐뭇한 상상도 했습니다.

어쩌면 안정된 수입원을 확보한 다음 회사를 그만두는 것이 모든 직장인의 꿈일지도 모릅니다. 이것은 자영업자도 마찬가지일 겁니다. 그렇지만 회사를 다니기 싫어서, 운영하던 가게를 접고 싶어서, 네트워크 마케팅을 선택하는 것은 위험할 수 있습니다.

네트워크 마케팅은 투자금 없이 투잡으로 시작할 수 있지만, 결코 쉽게 성공할 수 있는 사업은 아닙니다. 물론 자본과 경험이 없는 사람이라면 일반적인 사업체를 시작하는 것보다 네트워크 마케팅을 하는 것이 훨씬 더 성공 확률이 높습니다. 그러나 직장생활이나 자영업만 해온 사람이 갑자기 사업가로서의 자질을 갖춰 단기간에 성공하기는 어렵습니다.

소비자와 사업자 네트워크를 아직 구축하지 못한 상태에서 네트워크 마케팅을 본업으로 선택하려면 단시간에 엄청난 노력을 기울이겠다는 각오가 필요합니다. 냉정한 판단과 철저한 준비 없이 섣불리 모든 경제활동을 그만두고 네트워크 마케팅에 뛰어들 경우, 설령 사업 비전을 이해할지라도 경제적인 이유로 사업을 계속하지 못할 수도 있습니다.

8. 본업으로 결단하고 다이아몬드가 되다

처음에 우리 부부의 목표는 네트워크 마케팅을 4~5년간 해서 팀과 소득을 탄탄하게 다져놓고 제가 회사를 그만두는 것이었습니다. 그런데 사업을 진행하면서 네트워크 마케팅의 권리소득이 점점 쌓이자 저는 4~5년까지 기다릴 것 없이 본업으로 사업을 해보고 싶은 생각이 들었습니다.

결국 돈도 인맥도 아닌 오로지 노력이 쌓이는 일이라는 판단을 내린 저는 배수진을 치고 본격적으로 사업을 확장해 나가기로 결정했습니다. 저는 투잡 1년 만에 전업으로 네트워크 마케팅에 뛰어들었고, 제가 회사를 그만둘 때 우리 부부의 목표는 '1년 안에 다이아몬드 직급 달성하기'였습니다.

배수진을 치고 뛰어든 만큼 저는 사업에 완전히 집중했습니다. 그 결과 목표로 한 기한보다 훨씬 빠른 5개월 만에 목표를 달성했습니다. 그 5개월 동안 저는 돈을 1원도 투자하지 않았고 또 대단한 인맥이 있었던 것도 아닙니다. 어차피 네트워크 마케팅은 돈이나 인맥으로 성공하는 일이 아닙니다. 다만 우리는 목표로 한 '다이아몬드 직급 달성'을 위해 사람들에게 지속적으로 사업의 기회를 전달했을 뿐입니다.

네트워크 마케팅 사업은 출퇴근 시간을 지켜야 하는 것도 아니고 상사가 업무를 지시하지도 않는 그야말로 '내 사업'입니다. 네트워크 마케팅에서는 목표를 정하고 그 목표를 이루기 위해 모든 노력을 쏟아 부을 때, 어떠한 제한도 없이 빠르게 목표를 달성할 수 있습니다. 반대로 똑같은 회사에서 똑같은 사업을 하더라도 목표가 불확실하고 노력이 충분하지 않으면 기약 없는 제자리걸음을 할 수밖에 없습니다.

9. 자만심을 버리고 시간을 절약하다

퇴직을 앞두고 인수인계를 하는 동안 제 머릿속은 온통 '내 사업을 어떻게 성공적으로 이끌어 갈까?' 하는 생각뿐이었습니다. 투잡을 하는 동안 저는 이미 몇몇 팀을 구축했고 300만 원 정도의 소득을 안정적으로 벌고 있었습니다.

결국 네트워크 마케팅을 본업으로 시작한 저는 사업을 크게 키우겠다는 열정으로 '나만의 시스템'을 구상하는 데 많은 시간을 보냈습니다. 회사의 보상구조도 엑셀로 깔끔하게 정리했고 제품 자료도 틈틈이 만들었습니다. 기존 사업자에게 '부족한' 부분을 '뛰어난' 사업가인 내가 보완해 보다 효과적으로 사업을 해야겠다는 생각을 한 것입니다. 되돌아보면 사업의 'ㅅ' 자도 몰랐던 제가 어찌 그리 오만할 수 있었는지 의심스러울 정도입니다.

그러던 어느 날 저는 사업자와 소비자가 함께하는 대규모 행사에 참석했습니다. 화려한 공연과 함께 제품 및 사업 스토리를 공유하는 '쇼' 형태의 행사였는데 그

구성과 진행, 효과가 굉장했습니다. 삼성에서도 그 정도 규모의 행사를 여러 번 본 적 있던 저는 당연히 본사에서 진행하는 행사라고 생각했습니다. 그런데 아내가 무대에 나온 어떤 분을 가리키며 설명을 해주더군요. 그분이 우리의 상위 그룹장이고 행사는 그 상위그룹에서 주최하는 시스템이라는 것이었습니다.

순간 저는 마치 뒤통수를 후려 맞은 듯 번쩍 하고 정신이 들었습니다. 제가 생각했던 시스템과 선배 사업자들이 이미 만들어놓은 시스템은 급이 달랐습니다. 제가 퇴직을 앞두고 본격적으로 사업을 준비하는 내내 생각한 '기존 사업자들의 부족함'이란 건 애초에 없었습니다. 부족한 건 오직 저 자신뿐이었습니다. 이걸 깨달으며 저는 선배 사업자들이 만들어준 시스템에서 전적으로 배우기로 마음먹었습니다. 지금도 이것이 사업을 하면서 제가 가장 잘한 점이라고 생각합니다.

자칫하면 자만심에 젖어 '나만의 시행착오'를 확인하는 데 소중한 시간을 낭비할 뻔했습니다. 네트워크 마케팅을 시작하려 하신다면 자만심을 버리고 선배 사업자의 경험을 존중해 시행착오와 시간낭비를 최소한으로 줄이길 진심으로 바랍니다.

10. 미처 알지 못했던 팀워크의 든든함

회사를 그만두는 제 심정이 마냥 희망에 차 있었을까요? 네트워크 마케팅을 충분히 이해하고 뛰어들기로 결심했지만 삼성이라는 간판과 매달 나오는 많은 월급을 버리고 사업을 시작하려니 조금 두려웠던 것도 사실입니다. 하지만 저는 비장하게 결심했습니다.

'이 한 몸 네트워크 마케팅에 바쳐서 우리 가족의 미래를 준비해야지.'

퇴직을 하자마자 저는 곧바로 회사의 교육 시스템에 출근하기 시작했습니다. 아침부터 저녁까지 운영하는 모든 강의를 듣다 보니 두 달 동안 무려 300개 이상의 강의를 듣게 되었습니다. 저는 평범한 사람이 오직 노력만으로 성공한 방법, 객관적인 조건이 좋았지만 안일한 사업전개로 시행착오를 겪은 사업자의 스토리를 들으며 다시 한 번 심기일전해 드디어 사람들을 만나러 다니기 시작했습니다.

시작하기 전에는 몰랐지만 저는 금세 이 사업이 혼자서 하는 일이 아니라는 것을 깨달았습니다. 이 한 몸을 바친다는 비장한 각오가 무색하게도 저는 긍정적이고 열정적인 조직문화 속에서 편안한 마음으로 일할 수 있었습니다.

 스폰서, 파트너, 내 팀, 우리 그룹

네트워크 마케팅은 사업을 안내해준 스폰서, 저 그리고 제가 사업을 전달한 파트너가 팀을 이뤄 함께 배우며 서로의 부족함을 메워주는 사업입니다. '사업'을 처음 하면서 어려움을 겪지 않을 수는 없었지만 비슷한 상황을 이미 경험한 선배들의 조언으로 저는 시행착오를 대폭 줄였습니다. 더불어 제 파트너들에 대한 책임감으로 더 열심히 일했습니다.

그렇게 목표가 같은 사람들과 함께 긍정적인 에너지에 둘러싸여 열심히 일하다 보니 직장생활을 할 때 느껴보지 못한 강한 동료의식과 미래에 대한 기대감이 생겼습니다. 무엇보다 그룹의 조직 시스템이 사업 과정을 체계적으로 후원해준다는 점이 제가 '모든' 것을 감당해야 하는 일반적인 사업과 달랐습니다. 그저 제 사업만 열심히 하면 되었습니다.

네트워크 마케팅에서 평범한 사람이 성공할 수 있는 이유는 개인의 능력을 뛰어넘는 지원 시스템이 갖춰져 있기 때문입니다. 사업자는 시스템을 활용해 시행착오를 최소화하면서 성공자의 길을 걷습니다. 또한 계속되는 트레이닝 덕분에 리더의 자질이 없던 사람도 리더로 거듭납니다.

선입견을 버리면 **기회가** 되는 네트워크 마케팅

2장

선입견과
구분의 지혜

선입견과 구분의 지혜

네트워크 마케팅 사업을 시작하려 할 때, 부정적인 선입견에서 벗어나는 것은 매우 중요한 일입니다. 더 중요한 것은 그런 부정적 선입견을 만든 불법 회사에 합류하지 않는 것입니다. 하지만 정확한 기준이 없으면 감언이설로 현혹하는 사람을 당해낼 수 없습니다. 이를 피하려면 결정하고 행동하기 전에 객관적인 정보로 정상적인 회사인지 검증하는 '최소한'의 노력을 기울여야 합니다.

누군가의 말이 아니라 국제적인 평가나 공시된 자료 등을 확인하는 간단한 노력만으로도 불법 회사는 쉽게 피할 수 있습니다. 그러한 노력을 하는 것조차 귀찮아 하면서 쉽게 돈을 벌려고 하는 사람은 어쩌면 불법 회사의 타깃이 될지도 모릅니다.

상식선에서 생각하는 것도 굉장히 중요합니다.

네트워크 마케팅은 유통의 한 방식이므로 유통이 일어나야 돈을 벌 수 있습니다. 만약 유통이 일어나지도 않는데 돈을 벌 수 있다고 한다면 문제가 있는 회사임이 분명합니다. 사람을 끌어들여 돈을 번다는 것은 상식적으로 말이 안 되는 일입니다. 불필요한 제품을 사야 돈을 번다는 것도 말이 안 됩니다. "돈을 벌려면 투자를 해야 합니다. 그런데 투자금의 용도는……" 하고 말끝이 흐려질 경우에도 상식이 아닙니다.

매장도 재고도 필요 없다는 것이 네트워크 마케팅 사업의 주요 특징인데 왜 투자금이 필요한 걸까요? 온라인 쇼핑몰에 가입할 땐 보통 가입비가 없는데 네트워크 마케팅 사업에만 유독 가입비가 필요한 이유가 있을까요? 이런 간단한 질문만 해봐도 상식을 지키는 회사인지 아닌지 알 수 있습니다.

유통이 일어나지 않는 회사는 수익을 얻을 곳이 가입비나 투자금밖에 없습니다. 누군가가 나눠 가질 가입비나 투자금이 필요한 회사가 정상적인 회사인지 아닌지는 쉽게 구분할 수 있습니다.

1. 남에게 피해를 주는 것 아닌가요?

투자금이 없으면 피해를 줄 이유가 없습니다. 네트워크 마케팅 사업을 하다가 몇 억 원의 빚을 졌다거나 사채를 썼다고 하는 소문의 뒤를 캐보면 정상적인 회사가 아닌 불법 피라미드 회사가 꼭 등장합니다. 정상적인 네트워크 마케팅은 투자금이 필요 없는 사업이기 때문에 애초부터 빚을 질 이유가 없습니다. 설령 개인이 돈을 투자하려 해도 돈으로는 조직을 구축할 수 없는 구조이므로 투자하느라 빚을 진다는 것은 있을 수 없습니다.

반면 불법 회사들은 직급을 돈으로 사서 유리하게 사업을 시작하라고 설득하거나 가입비를 받는 방식으로 투자를 유도합니다. 일부 회사는 원하는 제품을 구입하는 것이 아니라 몇 백만 원씩 대량구매를 하도록 유도하는 방식으로 법망을 피해가기도 합니다. 가입비를 받으면 불법이지만 돈을 받고 제품을 얹어주면서 제품 판매금액인 것처럼 위장하면 법을 피해갈 수 있기 때문입니다.

이럴 때 그들이 제공하는 제품은 대개 품질이 조악합니다. 그러다 보니 제품이 좋아서 쓰는 소비자는 없고 그저 사업자들끼리만 사용할 뿐입니다. 결국 사업을 유지하는 동안 제품 유통이 일어나지 않기 때문에 이들은 사람을 끌어들이는 것으로 수익을 거두려 합니다. 네트워크 마케팅이 사람을 끌어들이는 일이라는 인식은 이런 회사에서 비롯된 것입니다. 네트워크 마케팅은 유통의 한 방식이므로 당연히 제품을 정상적으로 유통시킬 때 돈을 버는 구조여야 합니다.

2. 제품을 비싸게 파는 것 같아요

사업을 시작한 지 얼마 되지 않았을 때, 제 아버지가
제게 물었습니다.

"제품이 그렇게 좋은데 너희 회사는 왜 광고를 하지
않는 거지?"

네트워크 마케팅 사업을 하는 사람이 이 질문에 제대
로 답하지 못하면, 질문을 받은 본인도 혼란스러워질 수
있습니다. 광고를 하지 않는 것은 창립자의 개인적인
인성이 훌륭해서일까요, 아니면 사회 전반에 도움을 주
는 사회사업이라서 그런 걸까요? 물론 네트워크 마케팅
회사에서는 회사의 올바른 경영이념도 매우 중요한 부
분입니다. 하지만 회사가 네트워크 마케팅 방식을 선택
하는 데는 합리적인 이유가 있습니다.

예를 들어 화장품을 제조하는 회사가 있다고 가정해
봅시다.
이 회사는 좋은 화장품을 만들고 싶어서 연구를 하다

가 일반적인 화장품에 인체에 유해한 성분이 너무 많이 들어가 있다는 사실을 알게 되었습니다. 그래서 유해성분을 모두 배제하고 좋은 성분만 넣어 화장품 제조에 성공했습니다. 그런데 문제가 발생했습니다. 일반 화장품은 원가 500원에 제조가 가능한데 새로 개발한 안전한 화장품은 원가가 2,000원에 달했던 겁니다. 품질이 좋으니 가격이 더 비싸더라도 소비자가 알아서 제품을 사줄까요?

일반 화장품은 원가 500원짜리 화장품보다 더 비싼 화려한 케이스를 만들고, 인기 드라마에 출연하는 유명 연예인을 내세워 대대적으로 광고를 합니다. 그런 다음 복잡한 유통단계를 거쳐 매장에서 1만 원에 제품을 판매합니다. 회사의 수익이 10퍼센트 수준입니다. 심지어 다른 회사와의 마케팅 경쟁이 심해지면 수익은 10퍼센트 미만으로 떨어집니다.

안전한 화장품을 개발한 회사는 깊은 고민에 빠집니다. 일반 화장품과 같은 방식으로 유통시키면 그들의 화장품은 4만 원에 판매해야 합니다. 과연 경쟁력이 있을까요? 고민 끝에 이들은 한 가지 사실에 주목합니다. 바로 화장품 가격의 85퍼센트가 원가나 수익과 상관없는 광고·유통비라는 사실을 말입니다. 더구나 화장품보다 비싼 케이스는 말도 안 되는 일이었습니다.

비용이 많이 들어가는 광고를 내보내는 대신 비용이 적게 드는 마케팅 방식으로 제품을 유통시키면, 가격경쟁력도 유지하고 수익도 낼 수 있습니다. 케이스는 제품을 보호할 수 있는 실용적인 수준으로 만들고, 마케팅은 광고 대신 소비자의 입소문으로 바꾼 것이 바로 네트워크 마케팅의 원리입니다.

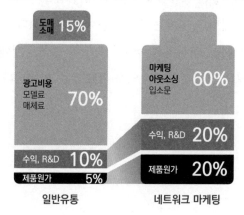

일반유통과 네트워크마케팅의 가격 구조(화장품 예시)

도매 소매 15%

광고비용 모델료 매체료 70%

수익, R&D 10%

제품원가 5%

일반유통

마케팅 아웃소싱 입소문 60%

수익, R&D 20%

제품원가 20%

네트워크 마케팅

1만 원짜리 제품 중 85퍼센트를 차지하는 광고·유통비용 8,500원을 쓰지 않고 제품을 유통시키면, 원가 2,000원과 마케팅비용 6,000원을 고려해도 회사는 2,000원의 고정수익을 올릴 수 있습니다. 이는 소비자는 물론 회사도 이득입니다. 이처럼 불필요한 비용을 줄이면 제품 품질은 더 좋게, 가격은 저렴하게 생산하면서 좋은 수익성을 유지할 수 있습니다.

　중요한 것은 유통 방식의 변화입니다. IT기술 발달로 사람들이 정보를 공유하는 것이 훨씬 더 간편해졌고, 특히 우리나라처럼 택배 시스템이 발달한 나라에서는 제품을 배포하는 것도 쉽습니다. 일단 유통 방식을 바꾸면 소비자는 좋은 제품을 더 저렴하게 구입할 수 있고 네트워크 마케팅 사업자는 수익창출이 가능합니다. 그리고 회사는 다른 회사와의 광고·유통비 출혈경쟁에서 벗어나 보다 안정적으로 수익을 확보할 수 있습니다.

3. 믿을 만한 회사입니까?

믿을 만한 회사인지 아닌지는 어떻게 판단해야 할까요? 만약 상대방이 작정하고 속이려 들 경우 우리는 그걸 간파해 정확하게 판단할 수 있을까요?

개개인이 믿을 만한 회사인지 아닌지를 주관적으로 판단하는 것은 어려운 일입니다. 개인의 판단을 흐리게 하는 요소가 너무 많기 때문입니다. 객관적이고 공정한 기관의 평가를 기준으로 판단하는 것이 가장 현명한 방법입니다. 정상적인 네트워크 마케팅 회사는 공정거래위원회에 등록되어 있고 또 직접판매공제조합이나 한국특수판매공제조합에도 가입되어 있습니다.

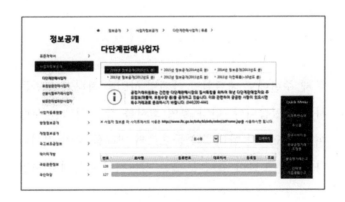

대한민국 법에서 네트워크 마케팅 사업자는 다단계 판매사업자로 분류되어 있습니다. 그리고 공정거래위원회에 등록된 회사들은 매출 정보와 회원에게 지급한 후원수당, 재무상태, 반품요청 시 정상적으로 반품이 이루어지고 있는지 등의 정보를 연도별로 공시하고 있습니다. 이처럼 객관적인 자료를 공개하지 않는 회사를 믿고 사업을 진행하는 위험을 감수할 필요가 있을까요?

회사를 선택할 때는 반드시 기본적인 정보를 공개한 회사 중에서 선별하십시오. 그중에서도 교묘하게 법 규정을 피해가는 회사들을 걸러내면 믿을 만한 회사와 함께 사업을 진행할 수 있습니다.

4. 주변에 하다가 그만둔 사람이 있어요

제 주변에도 네트워크 마케팅 사업을 하다가 그만둔 사람이 있습니다. 만약 불법 회사를 잘못 선택한 사람이라면 오히려 빨리 그만둠으로써 피해를 줄인 것이니 다행이라고 봐야 합니다. 물론 정상적인 회사에서 사업을 하다가 그만두는 사람도 많이 있습니다. 그만둔 사람에게는 각자 개인적인 이유나 사연이 있을 겁니다. 하지만 중요한 공통점은 그만둔 모든 사람은 성공하기 위한 행동을 지속적으로 하지 않았다는 것입니다.

네트워크 마케팅에서는 "노력이 유일한 성공 방법"이라고 말하는데, 이는 전문가의 이론을 맹신해서가 아닙니다. 책에 그렇게 쓰여 있어서도 아닙니다. 네트워크 마케팅은 함께하는 사업이라 서로 어떻게 일하는지, 얼마나 성과를 얻고 있는지 유리병처럼 볼 수 있습니다.

사업을 느슨하게 하는 사람 중에는 성공자가 없습니다. 그리고 성공한 사람들의 일하는 모습을 보면 그들은 충분히 성공할 만한 경험을 반복합니다. 그러한 경험들이 반복적으로 쌓여 성공하기에 네트워크 마케팅 사업에서는 노력만으로도 성공할 수 있다고 자신 있게 말하는 것입니다.

대기업 인사팀에서 근무할 때 저는 임원과 부서장이 되는 기준이 공정하지 않다고 느꼈습니다. 저 혼자서만 그걸 느꼈을까요? 물론 제가 숨은 데이터까지 자세히 보았다는 점에서는 다른 사람과 차이가 있을지도 모릅니다. 그러나 직장에 다니는 사람이면 누구나 자신이 열심히 노력한 만큼 회사가 공정하게 평가하고, 그것을 승진·보상에 반영한다고 생각하지 않을 겁니다.

이러한 생각도 반복된 경험으로 형성됩니다. 회사라는 조직 안에서 공정해야 할 평가가 인맥이나 학벌, 정치로 왜곡되는 경험을 계속하면 사람들은 조직을 신뢰하지 않습니다. 그런데 네트워크 마케팅에서는 구성원들이 노력만으로도 성공할 수 있다는 것에 공감합니다. 그만큼 성공자와 그만두는 사람들의 반복적인 경험으로 노력과 성공의 상관관계가 강하게 형성됩니다.

사업을 하다가 그만두면서 주위에 "회사는 좋지만 내가 부족해서 그만두었다"라고 말하는 사람은 많지 않습니다. 실은 경제상황이나 가정사 혹은 여러 가지 여건이 사업을 열심히 할 수 없도록 발목을 잡았을 겁니다. 그래도 여전한 공통점은 사업을 지속적으로 열심히 하는 사람 중에는 그만두는 사람이 없다는 사실입니다.

뒤에서 성공 확률을 다룰 때 다시 언급하겠지만, 피트니스센터에 등록한 뒤 열심히 다니지 않은 사람이 다이어트에 실패했다고 해서 피트니스센터가 다이어트에 효과가 없다고 말할 수는 없습니다.

정상적인 회사에서 사업을 하다가 그만둔 사람이라면 당연히 투자금 없이 사업을 시작했을 겁니다. 투자금이 없다는 것은 분명 장점입니다. 그런데 어떤 사람들은 투자한 돈이 없어서 쉽게 선택하고 쉽게 그만두기도 합니다.

작은 분식집을 하나 개업해도 인테리어비용과 임대료를 투자했기에 열심히 가게를 지키는 게 보통사람입니다. 투자금이 없다고 그때까지 투자한 시간과 노력을 무시하고 쉽게 그만두는 것은 어리석은 일입니다.

세상에 존재하는 무수한 직업 중에서 '노력이 곧 성공'이라는 공식이 통하는 직업은 흔치 않습니다. 투자금이 없다고 쉽게 선택했다가 쉽게 그만둔 사람이 잃어버린 기회의 가치는 대체 얼마일까요?

5. 강제로 무언가를 시키지는 않나요?

몇 년 전 일명 거마대학 피해 사례를 뉴스로 본 사람이 많을 겁니다. 그곳은 대학생들을 모집해 불법 합숙 및 감금을 일삼고 휴대전화를 빼앗았으며 감시조를 붙이는 등 여러 가지 범죄를 저지른 피라미드 회사였습니다.

정상적인 네트워크 마케팅 회사에는 강제적인 행위가 전혀 없습니다. 강제로 하는 행위는 어떤 것도 있어서는 안 됩니다. 행동에 강제가 있는 회사는 더 고민할 것 없이 불법 회사로 간주하면 됩니다. 정상적인 회사와 불법적인 회사를 구분하기에 앞서 감금이나 강제가 이뤄진다면 그건 심각한 범죄 행위입니다. 사업기회를 전달하고 제품을 유통시키는 정상적인 회사에는 강제 행위가 전혀 없습니다.

정상적인 회사에는
강제 행위가 전혀 없습니다.

6. 필요 없는 물건을 사재기해야 하는 것이 아닌가요?

미국에서는 한때 "네트워크 마케팅 사업자의 집에 가면 벽장을 열어보지 말라"는 농담이 떠돌았습니다. 네트워크 마케팅이라는 새로운 이론이 비즈니스 모델로 정착하기까지 수많은 시행착오가 있었습니다. 지금은 IT기술과 택배 시스템 보편화로 네트워크 마케팅 인프라가 최적화된 시대에 이르렀지만, 소위 '사재기'를 일삼는 회사와 사업자는 여전히 존재합니다.

사실 사재기 문제는 개인의 사업 방식으로 치부하면 안 됩니다. 처음에 회사를 선택할 때 보상구조 자체가 사재기를 부추기는 회사인지 아닌지 구별해야 합니다. 네트워크 마케팅은 분명 투자금 없이 시작할 수 있다는 것이 장점입니다. 그렇지만 투자를 유도하거나 돈으로 직급 달성 및 유지가 가능한 회사에서는 사재기가 항상 일어납니다.

네트워크 마케팅에서는 사업과 상관없이 제품이 좋

아서 사용하는, 즉 소비만 하는 사람들이 반드시 있어야
합니다. 정상적인 회사에서는 애초에 사람만 끌어들이
거나 사재기를 해서는 돈을 벌 수 없는 구조입니다. 따
라서 집에 물건을 쌓아놓는 일도, 사업으로 빚을 지는
일도 발생하지 않습니다.

7. 상위 몇 퍼센트만 성공하는 건가요?

"모든 사람이 성공하는 일이 있을까요?"

치킨가게를 해도 동네에서 잘되는 집과 망하는 집
이 있습니다. 회사에 다니면 과장까지만 승진하는 사람
이 있는 반면 전무, 부사장까지 승진하는 사람이 있습
니다. 마찬가지로 어떤 일에서든 모든 사람이 성공하는
경우는 없습니다.

그런데 왜 자꾸 사람들은 이런 질문을 하는 걸까요?
이 질문의 진짜 의미가 따로 있기 때문입니다. "성공하
는 상위 몇 퍼센트 외에는 다 손해를 보거나 망하는 것
아냐?"라는 것이 질문의 진짜 의도입니다. 앞서 말했듯

사재기를 해야 하는 회사, 불법 회사에 합류한 것이 아니라면 손해를 보거나 망하는 것은 염려하지 않아도 됩니다.

네트워크 마케팅을 얘기할 때, 삼각형 모양의 조직 구조를 피라미드라고 부르며 비난하는 것도 마찬가지입니다. 이것은 삼각형 모양의 조직이 문제가 아니라, 거기에서 피해를 보는 사람들이 많았기에 생긴 인식입니다.

사실 모든 조직은 삼각형 구조입니다. 회사의 조직도는 사장 한 명, 부사장 두세 명, 전무 다섯 명 하는 식으로 삼각형 구조입니다. 종교단체, 학교 조직도 모두 다 삼각형 구조로 이뤄져 있습니다. 진짜 문제는 삼각형의 꼭대기가 돈을 다 벌어가고 나머지는 손해를 보거나 망하는 형태의 불법 회사가 실제로 많았고 지금도 많다는 데 있습니다.

네트워크 마케팅은 불법 회사에서처럼 누군가가 피해를 보는 사업이 아닙니다. 그럼 확률 질문을 생각해 봅시다. 어떤 사람이 성공하는 확률 안에 들어가는지,

그 확률은 얼마나 되는지 알아보는 것입니다. 저는 통계학을 전공했는데 확률 개념을 쓰려면 정의된 모수, 즉 명확한 조건이 반드시 필요합니다. 예를 들어 체중 3킬로그램 감량을 성공이라고 가정할 때, 피트니스센터에 다니면서 다이어트에 성공할 확률을 말하자면 다음과 같습니다.

- 피트니스센터에 등록한 사람들 중 다이어트에 성공할 확률
- 피트니스센터에 일주일에 사흘 이상 나온 사람 중 다이어트에 성공할 확률
- 피트니스센터에 매일 나온 사람 중 다이어트에 성공할 확률

이처럼 여러 가지 확률이 나올 수 있습니다. 피트니스센터에 다니면서 다이어트에 성공할 확률을 물었을 때, 등록만 한 사람의 확률을 답해야 할까요, 아니면 매일 나온 사람의 확률을 답해야 할까요?

회사를 그만두고 본격적으로 사업을 시작할 때까지 저는 100개가 넘는 동영상 강의를 들었습니다. 덕분에 사업을 충분히 이해했고 네트워크 마케팅에서의 성공 확률을 제 나름대로 정리했습니다. 네트워크 마케팅 사업은 돈이 많다고, 인맥이 대단하다고, 심지어 말을 잘한다고 성공하는 사업이 아닙니다. 특별한 능력을 갖추지 않아도 끈기와 성실함이 있는 사람이면 성공하는 일입니다.

이걸 이해한 뒤, 저는 네트워크 마케팅에 등록한 사람을 기준으로 한 성공 확률은 의미가 없다는 걸 깨달았습니다. 실제로 등록만 하고 제대로 사업을 하지 않는 사람들이 매우 많습니다. 반면 사업을 진지하게 검토하고 끈기 있게 노력한 사람들은 다른 어떤 직업에서도 얻을 수 없는 성공을 이미 얻고 있습니다. 그 결과는 공정거래위원회의 연도별 결산 소득현황에 공시되어 있습니다.

매년 수많은 사람이 네트워크 마케팅 사업으로 돈을 벌고 있고 그중 일부는 평범한 사람이 상상조차 할 수 없는 소득을 벌고 있습니다.

제가 정리한 네트워크 마케팅의 성공 확률은 다이어트 성공 확률과 정확히 일치합니다. 매일 피트니스센터에 가서 운동한 사람은 반드시 다이어트에 성공합니다. 네트워크 마케팅 사업을 진지하고 끈기 있게 진행한 사람도 반드시 성공합니다. 학벌, 재산, 인맥이 성공에 영향을 주는 것은 아닙니다. 중요한 것은 '내가 피트니스센터에 매일 다닐 수 있는가?', '내가 네트워크 마케팅 사업을 정말 열심히 할 수 있는가?'입니다. 자신 있습니까?

솔직히 피트니스 센터에 매일 다닐 자신은 저도 없습니다. 하지만 이것이 정말 내 인생을 바꿔줄 사업이라면, 내 아이의 인생을 바꿔줄 사업이라면 자신 없다고 포기할 수 있을까요? 자본이나 능력에 상관없이 피트니스센터에 다닐 만큼의 끈기로 성공할 수 있는 사업이 있다면 확률을 따져야 할까요, 아니면 나를 진지하고 끈기 있는 사업자로 변화시키기로 결단하는 게 맞을까요?

8. 제겐 인맥이 없어요

인맥이 없다는 것은 사람들이 이 사업을 선택하기에 앞서 망설이는 가장 큰 이유입니다. 저는 인맥이 없어 고민하는 사람에게 인맥이 없어도 성공한 사람들의 많은 스토리를 들려주며 "당신도 할 수 있다"고 용기를 북돋워준 적이 많습니다. 저도 인맥이 많지는 않았지만 인맥과 자본 없이 성공한 많은 사람들의 성공 강의를 들으며 이 사업을 하기로 결정했기 때문입니다.

그런데 그것만으로는 충분치 않을 때가 많았습니다. 당신도 할 수 있다고 용기를 주는 건 유통기한이 정해진 동기부여로 끝나는 경우가 많습니다.

사업 경험이 쌓이면서 저는 단지 인맥이 없어도 성공한 사람이 있다는 것보다 더 구체적으로 '인맥이 없어도 성공할 수 있는 이유'를 알게 되었습니다. 흔히 네트워크 마케팅을 영업직과 비슷하다고 생각하지만 실상 네트워크 마케팅에서 성공하는 리더들은 판매능력이나 영업능력이 뛰어나지 않은 경우가 많습니다. 심지어 영업직에서 큰 성과를 거둬온 쟁쟁한 사람들이 네트워크 마케팅에서 실패를 경험하고 사업을 포기하는 사례가 상당히 많습니다. 이것은 네트워크 마케팅과 영업직 두 분야에서 필요로 하는 자질이 서로 다르다는 것을 의미 합니다.

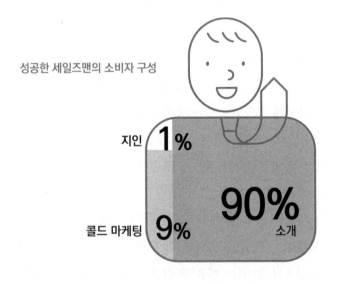

성공한 세일즈맨의 소비자 구성

지인 **1%**

콜드 마케팅 **9%**

90% 소개

그럼 네트워크 마케팅에 앞서 영업직은 인맥이 많아 야 성공할까요? 영업직에서도 인맥이 많다고 꼭 성공하는 것은 아닙니다. 보험설계사든 자동차딜러든 영업직 분야에서 성공한 사람들의 소비자 구성을 살펴보면 그걸 알 수 있습니다. 100명의 소비자 중 90명은 영업을 하면서 소개받은 소비자이고, 아홉 명은 콜드마케팅이며 오직 한 명만 기존 지인에 불과합니다. 여기서 콜드마케팅이란 광고, 홍보, 방문 등의 방법으로 기존 지인이 아닌 신규 소비자를 만드는 방법을 말합니다.

아무리 인맥이 많은 사람도 그 인맥은 길어야 2~3년 내에 소진되고 맙니다. 그리고 더 이상 확장되지 않으면 영업을 중단할 수밖에 없습니다. 결국 인맥이 많은 사람이 성공하는 것이 아니라, 내 소비자에게 소개를 받아 확장하는 능력이 있는 사람이 성공합니다.

영업을 잘한다는 것은 각자의 능력으로 소비자가 스스로 소개하도록 만드는 일을 잘한다는 것과 같은 의미입니다. 그래야 인맥에 한계가 왔을 때 지속적으로 영업할 수 있는 대상이 생겨납니다. 내가 소비자에게 감동을 주어 그 소비자가 나를 위해 또 다른 소비자를 소개하게 만드는 것이 바로 영업입니다.

사람을 감동시켜서 내가 원하는 행동을 하게 만드는 것이 쉬울까요? 그게 가능한 사람이 성공하기에 '영업은 어렵다'는 인식이 생겨난 것입니다. 여기에다 아이템까지 차별성 없는 그저 그런 상품이라면 소비자의 감동을 이끌어내 소개를 받음으로써 확장시키는 모든 역할과 성공 여부가 오로지 '영업자' 개인의 몫으로 남습니다.

그럼 네트워크 마케팅 사업은 어떨까요?

인맥이 많아도 반드시 한계가 온다는 것은 영업과 다를 것이 없습니다. 소개를 통한 확장이 꼭 필요한 것도 마찬가지입니다. 하지만 한 가지 차이점이 있습니다. 그것은 바로 '소비자의 이해관계'입니다.

네트워크 마케팅은 다른 표현으로 '프로슈머 마케팅', '현명한 소비'로 불립니다. 그동안 소비가 소비로 끝났다면 이제는 소비와 소득이 결합한 시대로 바뀐 겁니다. 사람들은 이미 여러 형태로 이 방식에 익숙해져 있습니다. 예를 들어 열 잔을 마시면 한 잔을 무료로 주는 커피쿠폰, 마트 · 주유소 · 편의점 등의 캐시백 포인

트, 항공 마일리지처럼 소비자는 자신의 소비활동으로 일종의 소득이 발생하는 구조를 충분히 경험했습니다. 바로 여기에 소개 개념을 더한 것이 네트워크 마케팅입니다.

아홉 개의 도장이 찍힌 커피쿠폰을 가진 사람이 무료 커피를 마시기 위해 열 개의 도장을 채우듯, 내가 써보고 좋은 제품을 누군가가 따라서 쓰면 5퍼센트 정도의 캐시백을 현금으로 주기 때문에 자발적으로 소개가 이뤄집니다. 영업과 네트워크 마케팅은 모두 성공의 관건이 소개를 통한 확장에 달려 있습니다. 단, 영업은 사업자가 확장을 만들어내지만 네트워크 마케팅에서는 소비자 각자가 자발적으로 확장을 만들어냅니다.

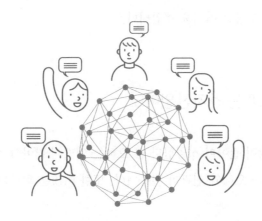

네트워크 마케팅 소비자가 제품을 쓰면서 소개할 때마다 받는 캐시백은 추가소득에 머물기도 하고, 큰 돈이 되기도 하기 때문에 사람들은 자신의 이해관계를 위해 적극 소개합니다. 소비자 자신의 이해관계 없이 감동해서 소개하게 만드는 것과 자신의 이해관계 아래 직접 써보고 좋았던 제품을 적극 소개하는 것은 상당히 다른 결과를 냅니다.

네트워크 마케팅 사업은 이처럼 단순 소개로 추가소득을 벌면서 쉽게 시작할 수 있습니다. 매장이나 재고 없이 내가 마음에 드는 제품을 소개하기 시작하면 그것이 곧 네트워크 마케팅 사업의 시작입니다. 이때 제품의 품질이 좋으면 소개가 원활히 확장되고 제품이 조악하면 확장은 어려울 것입니다.

9. 파는 건 자신 없어요

'많이 팔아야 성공한다'는 오해는 인맥이 많아야 성공한다는 오해와 연관이 깊습니다. 또한 이것은 회사의 보

상정책과도 상관이 있습니다. 네트워크 마케팅의 핵심
키워드 중 하나는 '확장'입니다. "내가 써보니까 정말 좋
아"라고 소개하다 보면 소비자 그룹이 형성됩니다.

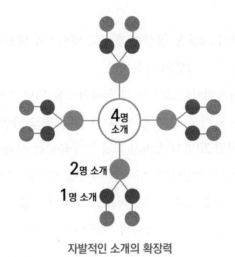

자발적인 소개의 확장력

내가 네 명의 소비자에게 제품을 소개하고, 그 소비
자들이 각각 두 명씩 제품을 소개하며 또 그들이 한 명
씩 소개한다고 가정하면 20명의 소비자 그룹이 생깁니
다. 네트워크 마케팅에서는 각각의 소비자들이 자신의

현명한 소비생활(추가소득)을 위해 보다 적극적으로 제품을 소개합니다. 반면 영업직에서는 영업자가 소비자에게 감동을 안겨주어 그 소비자가 소개하게 만들어야 소개가 일어납니다.

소비자 그룹을 형성한 후에도 영업직과 네트워크 마케팅은 확장 방법이 다릅니다.

영업직에서는 소비자 그룹 사이즈를 30명, 50명, 100명으로 늘리는 것이 목적입니다. 네트워크 마케팅에서는 나처럼 20명의 소비자 그룹을 구축하는 사람을 늘리는 것이 목적입니다. 나처럼 제품을 써보고 좋았던 제품을 소개함으로써 자발적으로 소비자 그룹을 만드는 사람을 늘려가는 것입니다. 결국 내가 많이 팔아야 돈을 버는 사업도, 내가 많이 팔 수 있는 사람이어야 하는 것도 아닙니다.

회사마다 각기 다르게 요구하는 기본적인 소비자 그룹을 형성한 뒤, 더 많은 소비자를 만드는 것이 아니라 나만큼 소비자 그룹을 구축하는 사람들을 늘려가는 것입니다.

판매를 두려워하는 사람들에게는 이런 생각도 도움을 줍니다.

내가 써보지 않았거나 마음에 들지 않는 제품을 유통시키려면 판매를 위한 많은 스킬이 필요합니다. 예를 들어 국산차를 타는 수입차 딜러를 생각해보십시오. 차를 판매하려면 소비자에게 차의 제원과 디자이너의 명성, 엔진의 차별성 등을 설명해야 합니다. 그런데 국산차를 타다 보니 본인이 경험하지 않아 '차를 구입해 오랫동안 타보니 잔고장도 없고 이런저런 점이 좋더라' 하는 얘기는 해주기 어렵습니다.

최근의 소비 트렌드는 어떤 광고나 마케팅보다 소비자 입장에서의 사용 경험을 들려주는 것입니다. 실제로 그것이 제품 선택에 가장 큰 영향을 미치고 있습니다. 가령 아토피를 개선해주는 비누를 사용해본 네트워크 마케팅 사업자는 자신이 사용할 때의 느낌, 피부 개선 효과가 나타나는 기간, 개선 과정에 어떤 증상이 나타나는지 등을 생생하게 전달할 수 있습니다.

소비자는 TV 광고모델이 자신이 광고하는 제품을 사용하지 않는다는 것을 상식적으로 알고 있습니다. 그와

달리 직접 사용해보고 좋은 제품을 추천하는 입소문 마케팅이 훨씬 설득력을 가지는 시대입니다.

10. 돈도 중요하지만 존경받는 일을 하고 싶어

우리 각자에게는 원하는 인생 모습이 있습니다. 존경받는 사람이 되고자 하는 사람도 있고 우아해 보이는 것을 중요시하는 사람도 있습니다. 물론 존경이나 우아함은 상관없고 돈만으로 충분하다는 사람도 있습니다. 이것은 그저 각자의 자연스러운 마음일 뿐 어떤 판단 기준이 아닙니다.

세상에는 수많은 직업이 있는데 그 직업마다 사람들이 연상하는 이미지가 있습니다. 그리고 이미지는 그 일을 선택하는 데 커다란 영향을 미칩니다.

작은 카페 사장의 이미지는 어떤가요? 왠지 햇볕이 잘 드는 테이블에 커피 한 잔을 올려놓고 우아한 모습으로 친구들을 초대할 것 같은 이미지를 떠올리게 합니다. 많은 사람이 작은 카페를 하나 차리고 싶어 하는 이유는 이런 이미지 때문입니다. 하지만 실제는 다릅니다. 하루 종일 좁은 카페를 지키느라 화장실도 마음 편히 가지 못하고, 길 건너에 새로 생긴 카페로 손님들을 빼앗길까 걱정스러워 원두를 저렴한 걸 써서라도 가격을 낮춰야 하나 고민합니다.

카페는 자영업 중에서도 경쟁이 가장 치열한 분야입니다. 국내 유명 프랜차이즈 카페조차 10억을 들여 차린 카페를 한 해에 150여 지점이나 폐점할 정도로 이미 레드오션입니다. 현실과 이미지에는 큰 차이가 있습니다.

그럼 네트워크 마케팅 사업자의 이미지는 어떨까요? 아직까지는 네트워크 마케팅 사업에 대한 선입견이 많아 이미지가 별로 좋지 않을 수도 있습니다. 그런데 사업을 검토하러 오는 사람들 중에는 더러 일반 중소기업 CEO도 있습니다.

그들이 말하는 네트워크 마케팅의 장점을 듣고 저는 네트워크 마케팅 사업의 또 다른 매력을 발견했습니다. 그들이 이미 기존 사업체에서 남들이 부러워할 만큼 돈을 벌고 있으면서도 네트워크 마케팅을 검토하는 이유는 크게 두 가지입니다. 하나는 지속적으로 확장되는 네트워크 마케팅의 소득구조이고, 나머지 하나는 네트워크 마케팅 조직의 특정 문화 때문입니다. 그것은 바로 리더에 대한 자발적인 존경과 친밀감입니다.

그들은 사업체를 운영하며 자신이 월급을 주는데도 직원들이 자신을 멀리해 서운하고 외롭다고 털어놓습니다. 사실 네트워크 마케팅 리더들은 존경을 한몸에 받으며 늘 팀과 함께 어울립니다. 그 이유가 무엇일까요? 사장이 월급을 주는 것도 사실이고 직원이 사장을 불편해하는 것도 사실입니다. 가끔 사장을 존경하는 직원도 있지만 실은 흔치 않습니다.

네트워크 마케팅 조직에서 리더가 존경받고 주변에 항상 사람이 모이는 이유는 그 자리가 노력으로 이룬 결과이고 또 그 과정을 가르쳐줄 수 있기 때문입니다. 일반 기업에서는 내가 열심히 한다고 사장이 될 수 없지만 네트워크 마케팅에서는 리더가 노력한 방법을 배워 나도 리더가 될 수 있습니다.

무엇보다 정상적인 네트워크 마케팅에서는 다운라인이 돈을 벌어야 업라인이 돈을 벌 수 있습니다. 예를 들어 한 달에 1억 원의 수입을 올리는 업라인이 있다면 그 팀에 한 달에 각자 1천만 원, 500만 원, 100만 원을 버는 다운라인이 500~1,000명이 있다는 뜻입니다.

네트워크 마케팅은 많은 사람이 성공하도록 도와야 자신이 성공할 수 있는 구조입니다. 결국 자신이 성공했다는 것은 그만큼 많은 사람이 성공하도록 도왔음을 의미합니다. 그래서 그 리더가 존경받고 인생의 멘토, 롤모델이 되는 것입니다. 많은 사람을 성공자로 만든 존경받는 리더가 되고 싶지 않나요?

선입견을 버리면 기회가 되는 네트워크 마케팅

3장

섣부른 판단과
허세는 금물

섣부른 판단과 허세는 금물

네트워크 마케팅의 부정적인 선입견에서 벗어난 사람들이 얼마나 서둘러 사업을 시작하고 싶어 하는지 알면 굉장히 놀랄 겁니다. 나쁘거나 위험한 일이라는 선입견에 자신과 엮일 만한 모든 경로를 차단했던 그 사람이 맞나 싶을 정도로 당장 사업을 시작하려 하기 때문입니다. 그들은 시작만 하면 즉각 큰 성공을 이룰 것처럼 달려듭니다.

사업 경험이 부족하던 시절, 저는 반가운 마음에 이처럼 서둘러 달려드는 사람들을 속도 조절 없이 그대로 사업에 합류하게 했다가 아까운 인재를 놓친 적이 많습니다.

네트워크 마케팅을 해볼 만한 사업이라고 판단하는 것과 실제로 사업을 잘 전개해 나가는 것은 별개의 문제입니다. 어디까지나 사업의 구체적인 부분을 잘 숙지하고 편법을 쓰지 않으면서 차근차근 준비하는 것이 중요합니다.

섣불리 사업을 시작했다가 포기한 사업자는 무엇보다 좋은 기회를 놓친 자신이 가장 손해이긴 하지만, 네트워크 마케팅은 성공하기 어려운 사업이라는 부정적 인식을 만드는 데도 한몫했습니다. 일단 사업을 충분히 검토하는 것이 매우 중요합니다. 더 중요한 것은 사업을 '제대로' 전개하는 것입니다. 제 선배 사업자는 제게 이렇게 충고했습니다.

"지름길이 아니라 바른 길을 선택하세요."

1. 큰 돈을 쉽게 벌 수 있는 거죠?

　정확히 말하자면 큰 돈을 쉽게 벌 수 있다는 것은 오해입니다. 큰 돈을 쉽게 벌 수 있다고 떠벌리는 회사가 있다면 그 회사는 불법 회사일 가능성이 큽니다. 누군가가 큰 돈을 쉽게 버는 동안 더 많은 누군가가 쉽게 피해를 보고 있을 것이기 때문입니다.

　세상에 큰 돈을 쉽게 버는 일은 없습니다. 네트워크 마케팅은 투자금이나 매장, 재고 없이 쉽게 '시작'할 수 있는 일이지, 큰 돈을 쉽게 버는 일은 아닙니다. 물론 네트워크 마케팅은 큰 돈을 벌도록 기회를 제공합니다. 실제로 일반 직장인이나 자영업자가 절대 벌 수 없는 큰 돈을 버는 네트워크 마케팅 사업자가 아주 많습니다.

　그렇지만 그들은 그만큼 노력한 사람들입니다. 학벌, 재산, 배경이 아닌 노력으로 큰 돈을 벌 수 있다는 것은 굉장히 매력적인 일이지만 노력 없이 성공하는 일은 결코 아닙니다. 네트워크 마케팅은 소비자 그룹과 사업자 그룹을 구축하는 일입니다. 내가 구축한 소비자·사업자 그룹이 자산이 되고 그 자산이 많을수록 많은 돈을 법니다. 그래서 네트워크 마케팅 사업자는 직장인의 정해진 월급과 자영업자의 불안정한 소득에 비해 많은 돈을 오랫동안 안정적으로 벌 수 있습니다.

그런데 이러한 자산을 구축하는 데는 반드시 노력이 필요합니다. 정상적인 네트워크 마케팅 회사는 이 자산을 노력 외에 돈이나 권력으로는 구축할 수 없도록 보상 구조를 설계합니다. 네트워크 마케팅은 경력, 자격, 배경이 없어도 쉽게 시작할 수 있습니다. 오로지 끈기와 정직한 노력만으로도 크고 안전한 자산을 구축할 수 있는 사업입니다.

2. 일하지 않고 사람만 모으면 되나요?

일하지 않고 사람만 모으면 돈을 주는 회사가 있을지도 모릅니다. 하지만 그런 회사는 고민할 것도 없이 불법 회사입니다.

네트워크 마케팅은 유통의 한 종류입니다. 일단 제품

을 사용하는 소비자 그룹과 그 소비자 그룹을 가진 사업자 그룹이 있어야 유통이 일어납니다. 가입비를 받거나 투자금을 받는 회사, 몇 백만 원어치씩 대량으로 제품을 떠넘기는 회사에서는 유통이 일어나지 않습니다.

가입비나 투자금을 나눠먹으며 '돌려막기'를 하는 회사가 몇 년간 지속될 수 있을까요? 돌려막기를 하다가 더 이상 지속하지 못하는 순간 얼마나 많은 피해자가 나올까요? 필요 없는 제품을 집에 쌓아두고 그렇게 쌓아둘 또 다른 집을 찾고 있다면 그 회사는 불법 회사입니다.

사업자들만 억지로 제품을 사용하는 것이 아니라, 사업을 하지 않아도 제품이 좋아서 쓰는 소비자들이 반드시 있어야 합니다. 그처럼 유통이 일어날 때만 돈을 벌 수 있는 구조라야 정상적인 네트워크 마케팅 회사입니다.

물론 정상적인 네트워크 마케팅에서도 내가 원하는 만큼 충분히 자산을 구축한다면 더 이상 일하지 않아도 소득을 올릴 수 있습니다. 3~5년 동안 집중적으로 노력해 매달 1,000만 원 정도의 소득이 들어오는 자산을 구축하고 그 소득에 만족한다면 더 이상 일하지 않아도 됩니다. 40년의 경제활동을 4년으로 단축할 수 있는 일이 바로 네트워크 마케팅입니다. 실제로 어떤 사업자는 남들이 40년 동안 기울일 열정을 4년간 쏟아 부어 자산을 구축하는 데 집중합니다.

네트워크 마케팅을 시작하는 사업자는 사람을 모으는 것이 아니라 올바른 소비자와 사업자 그룹을 구축하는 것을 목표로 활동해야 합니다.

3. 먼저 시작하면 더 많이 버는 거죠?

제가 네트워크 마케팅 사업을 열심히 하자 몇몇 회사에서 스카우트(?) 제안이 들어왔습니다. 신생회사라 상위 순번에 있을 수 있다며 유혹한 것입니다. 그런 말을 들으면 먼저 시작한 사람이 더 많이 번다는 선입견이 왜 생겼는지 알 만합니다.

대체 어떤 구조의 보상이기에 먼저 시작했다는 이유로 더 많이 버는 걸까요? 심지어 제게 중간에 꽂아주겠다고 제안하는 사람도 있었습니다. 자세히 들여다보면 이미 그 유혹 안에 답이 있습니다. 사람의 마음은 동전의 양면처럼 나쁜 일을 해서는 안 된다는 양심의 이면에 돈을 쉽게 벌고 싶은 욕심이 자리하고 있습니다. 먼저 시작하면 더 많이 번다는 말을 거꾸로 하면, 나중에 시작하면 돈을 못 번다는 말과 같습니다.

다시 한 번 강조하지만 네트워크 마케팅은 자산을 구축하는 일입니다. 간단하게 2~3년간 목돈을 벌고 권리금을 받아 넘기는 식의 일이 아닙니다. 이 사업은 기본적으로 '지속성'을 전제로 하는 사업입니다. 내 자산이 지속되어야 그 자산을 쌓아서 노후를 준비할 수 있습니다.

나중에 시작한 사람이 돈을 못 버는 구조라면 그들은 사업을 계속할 이유가 없습니다. 이런 회사는 말 그대로 2~3년이면 윗사람들이 돈을 다 빼가고 회사가 문을 닫으면서 나중에 시작한 사람들만 피해를 보는 전형적인 불법 회사입니다.

포장을 다르게 해서 아무리 사람들의 욕심을 이용해

현혹해도 상식선에서 회사를 검토하고 객관적인 지표를 몇 개만 확인하면 이러한 회사는 충분히 피할 수 있습니다. 네트워크 마케팅으로 4년간 집중해서 자산을 만들고 40년 이상 권리소득을 벌고 싶다면, 40년 후에 시작한 사람도 돈을 벌 수 있는 회사를 선택해야 합니다.

내가 선택한 회사가 앞으로 얼마동안 살아남을지, 재무상태는 어떤지, 어떤 미래 아이템을 준비하고 있는지 검토해보면 검토를 시작하는 순간 이미 불법 회사가 한 눈에 가려집니다.

4. 얼마나 사면 되죠?

돈을 주고 사서 해결하는 사업이라면 이미 평범한 사람들에게 기회가 돌아오지도 않았을 겁니다. 우리는 현실적으로 돈이 돈을 버는 세상이라는 걸 알고 있습니다. 《부자 아빠 가난한 아빠》의 저자 로버트 기요사키는 네트워크 마케팅이 부자가 되는 마지막 방법이라고 말했습니다.

돈이 돈을 버는 세상에서 새로운 부자가 되는 유일한 방법은 네트워크 마케팅뿐이라는 얘기입니다. 노동으로 돈을 버는 속도는 자본이 돈을 버는 속도를 절대 뛰어넘을 수 없기 때문입니다.

네트워크 마케팅은 유통의 한 분야이기 때문에 제품을 사용하는 소비자 그룹과 사업자 그룹을 확장하는 것만이 자산을 구축하고 돈을 버는 유일한 방법입니다. 돈을 들여 네트워크 마케팅 사업을 한다는 것은 떡볶이 가게를 차려 주인 혼자 떡볶이를 사먹는 것이나 다를 바 없습니다.

내가 써보고 좋았던 제품을 추천해서 함께 쓰는 소비자 그룹을 만드는 것이 네트워크 마케팅의 시작입니다. 돈으로 사서 사업을 시작하고 싶어 하는 마음은 돈을 쉽게 벌고 싶은 욕심에서 비롯된 것입니다. 사람들에게 가장 필요한 것도 돈이지만, 사람들이 가장 쉽게 쓰는 것도 돈입니다. 시작부터 돈으로 해결하려 하면 결국 사업을 포기하면서 변명을 늘어놓을 확률이 높습니다. 혹시 돈으로 해결할 수 있다는 회사가 있으면 반드시 꼼꼼하게 검증하기 바랍니다.

5. 얼마나 팔면 되나요?

자주 듣는 말은 아니지만 더러 "파는 건 자신 있다"라고 말하는 사람이 있습니다. 파는 게 자신 있는 사람은 판매직이나 영업직을 권합니다. 물론 판매를 잘하는 것이 네트워크 마케팅에서 마이너스(-) 요소인 것은 아닙니다. 그러나 판매직·영업직과 네트워크 마케팅은 엄연히 다른데 기존에 알고 있던 것을 고집하다 보면 아예 판매·영업을 해보지 않은 사람보다 시간이 더 걸리는 경우가 많습니다.

검도를 가르치는 교육기관은 대한검도와 해동검도로 나뉩니다. 한쪽은 도복 위에 보호 장비를 갖추고 죽도로 수련하고, 다른 한쪽은 도복을 입고 목검으로 수련합니다. 한쪽은 죽도를 들고 때리는 동작을 반복하고, 다른 한쪽은 목검을 들고 베는 동작을 반복합니다. 검도라는 이름은 같지만 운동은 상당히 다릅니다.

그런데 오랫동안 A검도를 수련한 사람이 B검도를 배우려 하면 그 과정이 순탄치 않을 수 있습니다. 아예 완전히 동떨어진 운동이 아니다 보니 새로운 동작을 익힐 때 이미 몸에 익은 동작이 튀어나오면서 새로 배우는 동작과 섞이기 때문입니다. 이때 필요한 건 오직 하나 초심으로 돌아가는 겁니다. 백지상태에서 지금 배우는 것을 처음부터 익히는 수밖에 없습니다. 조금 비슷한 것을 해봤다고 배우고 익히는 것을 게을리 하면 절대 새로운 동작을 제대로 해낼 수 없습니다.

네트워크 마케팅도 마찬가지입니다. 기본적인 소비자 그룹을 만드는 데 판매와 영업을 해본 경험이 도움을 줄 수도 있지만 제품, 추가소득, 사업기회를 함께 전달하면서 '확장'하는 법을 익히지 않으면 호기롭게 시작해 초라한 결과를 받아들 수도 있습니다. 백지상태로 네트워크 마케팅을 배우고 좋은 경험을 발판 삼아 보다 빨리 성공하길 진심으로 바랍니다.

6. 회사를 그만두고 곧바로 시작하겠습니다

　기회라는 생각이 들면 마음이 조급해지게 마련입니다. 하루라도 일찍 시작하면 더 빨리 성공할 수 있을 것 같은 기분이 들기 때문입니다. 저 역시 그랬습니다. 그러나 열정과 조급함은 전혀 다른 겁니다. 열정은 네트워크 마케팅에서 성공하는 사람의 가장 큰 자질이지만, 조급함은 네트워크를 구축하는 데 커다란 방해 요인입니다. 네트워크 마케팅은 단박에 목돈을 버는 것이 아니라 차근차근 자산을 쌓아가는 일이므로 끈기가 필요합니다. 또한 눈앞의 이익보다 장기적인 안목으로 소비자와 사업자를 한 명 한 명 소중하게 대해야 합니다.

　당장 회사 급여나 자영업 소득을 완전히 포기해도 조급해하지 않고 열정적으로 움직일 수 있다면 바로 뛰어들어 사업을 펼치십시오. 강한 확신과 행동력이 있다면 누구보다 빨리 성공할 수 있을 겁니다. 그러나 현재의 소득을 포기하고 뛰어들었을 때 조급해질 수 있다면 투잡으로 시작하는 것이 낫습니다. 네트워크 마케팅의 강

력한 매력 중 하나가 투잡으로 시작할 수 있다는 것임을
기억하기 바랍니다.

7. 제가 하자고 하면 열 명쯤은 당장 할 겁니다

정말 그렇다면 사업을 순탄하게 시작할 수 있을 겁
니다. 아마 사업을 하겠다는 결심을 하는 순간부터 친
한 사람들이 속속 떠오를 것입니다. 혹은 내게 신세를
진 사람이나 평소 내가 물심양면으로 도와준 사람이 생
각날 수도 있습니다. 그동안 쌓아온 신뢰도를 가늠하며
내가 말을 꺼내면 당장 나를 믿고 함께 시작할 것 같은
느낌이 들 수도 있습니다. 그러나 막상 부딪히면 내가
기대하던 것과 결과가 다를지도 모릅니다.

이 사업에서는 처음에 얼마나 많은 사람과 함께 시작
하느냐보다 '확장'이 더 중요합니다. 확장하지 못하면
100명이 함께 시작했어도 오래 가지 않아 그만둘 수도
있는 사업입니다. 그런 반면 처음엔 비록 기대감에 못
미치더라도 확장하는 법을 배우면서 차근차근 해내는

사람은 5년 후 훨씬 더 안정적이고 큰 네트워크 자산을 확보할 수 있습니다.

그 과정에서 제품기회, 사업기회를 거절한 사람을 미워할 필요는 없습니다. 네트워크 마케팅의 인식이 아직 온전하지 않다 보니 선입견 때문에 거절한 것이지 나와의 관계를 거절한 것이 아닙니다.

여러분도 처음에 네트워크 마케팅에 선입견이 있었던 것처럼 그들도 그럴 수 있습니다. 정상적인 네트워크 마케팅 회사에서 정직하고 꾸준하게 사업하는 모습을 보여주면, 인식이 달라지면서 그들도 점차 내 소비자 그룹과 사업자 그룹으로 들어올 것입니다.

8. 제 남편은 제가 잘 설득할게요

사업에 관심을 보이는 사람이 기혼자일 경우, 저는 최대한 빠른 시간 내에 그 배우자를 직접 만납니다. 배우자가 반대하는 상황에서 사업을 하다 보면 많은 감정적 노력이 필요하기 때문입니다. 설령 배우자가 합류하지 않더라도 사업을 이해하고 우호적으로 응원해주는 것이 매우 중요합니다.

만약 부부가 함께 미래를 위한 준비를 시작하면 훨씬 더 효과적으로 사업을 진행할 수 있습니다. 그러나 당사자가 직접 배우자를 설득하는 것은 권하지 않습니다. 나와 평생을 함께할 남편 혹은 아내가 내 선택을 존중하고 응원해주길 바라는 것은 당연하지만, 가깝지만 가장 먼 사이이기도 한 것이 부부인 것 같습니다.

물론 아내 혹은 남편의 결정에 진지하고 성실하게 반응하고 사업을 지지해주는 배우자도 더러 있습니다. 그렇지만 배우자의 지지를 얻고 싶다면 사업을 권유한 분과 함께 미팅을 하거나 사업설명회 등 객관적인 정보로 배우자의 이해를 돕기를 권합니다.

사업자 모임에 초대해 사람들이 편안한 분위기에서 성실하게 노력하는 모습을 보여주는 것도 좋은 방법입니다. 내 배우자는 무조건 나를 지지해야 한다는 의무를 지우는 대신, 배우자에게 사업을 긍정적인 이미지로 접할 기회를 주는 배려가 필요합니다.

9. 강의를 몇 번 들으니 이제 다 알겠어요

회사에 다니면서 투잡을 할 때 저는 출퇴근 시간을 이용해 동영상 강의를 100개 이상 듣고, 퇴직한 후에는 곧바로 교육 시스템에 합류해 두 달간 300여 개의 사업 설명 강의를 들었습니다. 총 400개가 넘는 그 강의가 각기 다른 주제였던 것은 아닙니다. 강의의 70~80퍼센트는 같은 내용입니다.

네트워크 마케팅의 구조와 회사, 보상 소개는 400여 개 강의에서 공통적인 부분입니다. 그렇다고 그 내용이 어려워서 반드시 반복해야만 이해할 정도는 아니었습니다. 제가 그렇게 많은 강의를 들은 이유는 제 스스로 사업가가 될 준비를 하기 위해서였습니다.

학창 시절이나 사회생활을 하면서 평생 노동으로 돈을 버는 방법만 배워온 제가 자산을 만드는 사업가로 변화하려면 한 번 듣고 이해하는 정도로는 부족했습니다.

처음 해보는 일, 내 인생을 바꿔줄 중요한 일을 하면서 배움을 게을리 하는 것은 매우 위험한 일입니다. 사업설명 강의를 열 번도 채 듣지 않고 다 이해했다면서 사업을 바로 시작하는 사업자를 보면 저는 안타까운 마음이 듭니다.

네트워크 마케팅이 안정적인 자산을 구축하는 사업이긴 해도 사업 초기일수록 부침이 있게 마련입니다. 특히 사업을 잘 이해하려는 노력이 부족한 사업자일수록 이 시기를 극복하지 못하고 포기하곤 합니다. 신중하게 검토하고 시작한 사업인 만큼 자만심을 버리고 배움을 게을리 하지 않는 것이 중요합니다. 네트워크 마케팅 사업은 다른 곳에서 배울 수 있는 것이 아니기에 선배 사업자들이 만들어놓은 교육 시스템 안에서 충분히 배우며 사업을 진행하는 것이 가장 잘하는 방법입니다.

10. 일단 3개월만 해볼게요

3개월만 해보고 성공할 수 있는 사업은 없습니다. 어쩌면 처음 3개월은 사업을 해보는 시간이 아니라 사업을 배우는 시간에 불과할지도 모릅니다. 3개월만 해보겠다는 말이 3개월을 해보고 성공하는 사업인지 아닌지 판단하겠다는 의미라면 차라리 시작하기 전에 사업을 더 검토해볼 것을 권합니다.

부족한 준비와 섣부른 행동은 모든 일을 실패로 돌아가게 할 수 있습니다. 급할 것은 없습니다. 허술하게 검토한 사업은 그만큼 그만두기도 쉽고 도중에 그만두면 자신에게도, 팀에게도 전혀 도움이 되지 않습니다.

이런 생각은 투자금이 없는 것과도 상관이 있습니다. 임대료와 인테리어에 5,000만 원을 투자하면서 3개월만 해보겠다고 하는 사람은 없습니다. 아무리 작은 가게도 운영에 익숙해지는 데만 6개월 정도가 필요합니다. 당연히 그 기간에 단골손님을 만들고 새로운 메뉴를 개발하며 자신이 투자한 가치 이상의 가게를 만들려고 열심히 노력할 것입니다.

네트워크 마케팅도 마찬가지입니다. 투자금이 없다는 장점을 '쉬운 결정과 번복'을 하는 단점으로 만들지 않기 바랍니다.

내가 충분히 확신하지 못하는 사업을 내 이해관계를 위해 함부로 전달해도 될까요? 함께 불법 회사의 피해자가 되거나 함께 실패한 동료가 되면 안 될 겁니다. 일단 해봐서 쉬우면 하고, 생각만큼 순조롭지 않으면 그만두겠다는 마음으로 시작하는 사람은 성공할 확률이 높지 않습니다. 제품, 회사, 사업을 충분히 검토하고 검토가 완전히 끝나면 그때 3개월이 아니라 최소 3년에서 5년 동안 꾸준히 사업을 진행하길 권합니다.

선입견을 버리면 기회가 되는 네트워크 마케팅

4장

결정했다면
단단하게
시작하기

결정했다면 단단하게 시작하기

무슨 일을 하든 처음에는 어려운 법입니다. 마찬가지로 네트워크 마케팅 사업에서도 누구나 비슷한 경험을 합니다. 내 기대와 다른 지인의 반응, 가까운 사람들의 반대, 기대에 미치지 못하는 성과 등을 나만 겪는다고 생각하면 그 실망감과 좌절감이 굉장히 클 수 있습니다.

사실 그것은 모든 네트워크 마케팅 사업자가 겪는 과정이고, 특히 이 사업에서 성공한 사람일수록 많이 겪었다는 것을 이해하면 그리 실망할 것도 두려워할 것도 없습니다. 네트워크 마케팅에서의 어려움은 대체로 상대방의 거절을 받아들이는 일 정도인데 이러한 실패는 쌓일수록 성공으로 다가가는 계단이 되어줍니다. 한마디로 네트워크 마케팅 사업에서 겪는 어려움은 값진 경험입니다. 반면 직장인이나 자영업자로서 겪는 실패는 작은 실수조차 완전한 실패인 경우가 많습니다.

신중하게 고민해 네트워크 마케팅을 선택했다면 작은 실망감과 좌절감을 흘려보내고 내가 선택한 이유에 집중하면서 사업에 매진하기 바랍니다.

1. 주변에서 어떻게 생각할지 모르겠어요

많은 사람이 네트워크 마케팅 사업을 하기로 결정하는 공통적인 이유는 이 사업이 자신의 인생을 바꾸도록 도와주는 도구이기 때문입니다. 남의 시선과 내 인생 중 어느 쪽이 더 가치 있는지는 분명한 사실입니다. 남의 시선에 흔들려 우물쭈물하다 보면 내 인생을 바꾸는 데 실패할 가능성이 높습니다.

주변의 인식은 시간이 지나면 저절로 나아집니다. 일단 네트워크 마케팅 업계 자체에 대한 인식이 개선되고 있고, 내가 사업을 오랫동안 꾸준히 할수록 지인들의 인식도 달라집니다. 만약 부정적 선입견을 보이는 사람들의 생각이 맞는다면 여러분은 오랫동안 사업을 지속하지 못하고 큰 빚을 떠안은 채 진즉 사업을 그만두었을 겁니다.

사업을 꾸준히 이어간다는 것 자체가 사람들의 선입견과 상관없는 좋은 사업을 하고 있음을 증명합니다. 남의 시선을 걱정할 시간에 내 실력을 쌓기 위해 노력하고 네트워크 마케팅을 잘 이해하는 사람들과 긍정적 교류를 늘리는 것이 낫습니다. 그들과 함께 내 팀을 만들다 보면 어느새 남의 시선을 신경 쓰지 않아도 될 정도의 직급과 소득을 누리는 여러분을 발견할 것입니다.

회사를 믿고 사업에 대한 확신이 있다면 앞으로 가장 집중해야 할 것은 내 인생과 나 자신의 변화입니다.

2. 천천히 알아보고 싶어요

사업을 결정할 때 신중하게 판단하는 것은 정말 중요한 일입니다. 섣불리 시작했다가 그만두면 본인에게도 팀에도 도움이 되지 않습니다. 회사를 충분히 검토하고 자신이 진지하게 사업을 진행할 수 있는지 심사숙고해서 결정해야 합니다. 단, 신중한 것과 천천히 생각하는 것은 다릅니다.

사업에 관심을 보이다가 뜸해지는 사람들 중 상당수는 한 달에 두어 번 마치 취미처럼 사업설명 강의에 참

석하면서 천천히 판단하겠다고 합니다. 저는 사업설명 강의를 듣고 관심을 보이는 사람에게 꼭 열 번 정도 들어보라고 권합니다. 그것도 한 달 안에 열 번을 들으라고 말합니다.

한 달에 한 번씩 열 달 동안 느슨하게 사업을 검토하는 사람과 한 달 안에 열 번의 강의를 듣고 집중해서 사업을 검토하는 사람 중 누가 사업기회를 제대로 잡을까요? 만약 사업을 시작한다면 어떤 사람이 사업을 잘 전개해 나갈까요? 충분히 검토한 후 사업을 시작할지 말지는 본인의 판단에 달린 일입니다. 하지만 일단 사업을 검토하기로 마음먹었다면 책이나 사업설명 강의처럼 객관적인 정보를 집중력 있게 검토하기 바랍니다.

3. 제가 할 수 있을까요?

네, 할 수 있습니다. 네트워크 마케팅 사업은 능력이 아니라 의지의 문제이기 때문입니다. 자만심에 빠지는 것과 자신감을 갖는 것은 분명 다릅니다. 네트워크 마케팅은 자산을 구축하는 일인데 사업자 그룹을 구축한 사람은 팀의 리더가 됩니다. 네트워크 마케팅 사업은 곧 리더가 되는 일입니다.

리더의 자질을 이미 갖춘 사람도 있지만 사업을 하면서 경험으로 배워 나가는 사람도 있습니다. 네트워크 마케팅 회사는 평범한 사람들도 얼마든지 배우면서 성공을 이룰 수 있도록 체계적인 교육 시스템과 트레이닝 기회를 제공합니다.

이 과정을 거치면 남들 앞에서 인사하는 것조차 두려워하던 사람이 3분 스피치를 하고 5분 강의, 나아가 20분 강의도 문제없이 해냅니다. 혼자 시작한 사업에 세 명의 팀이 생기고 다시 열 명의 팀으로 늘어나는가 싶더니 50명의 팀이 생깁니다. 그뿐 아니라 점차 사람들을 리드하는 방법을 익혀 나가다가 결국 1,000명이 넘는 청중 앞에서 리더로서 강의도 하는 것이 네트워크 마케팅 시스템입니다.

네트워크 마케팅을 할 수 있는 사람과 할 수 없는 사람이 따로 정해져 있는 것이 아닙니다. 다만 진지하게 배우고 자신을 변화시킬 각오를 다진 사람과 그렇지 않은 사람이 정해져 있을 뿐입니다. 지금 당장 자신에게 리더의 자질이 있는지 생각하지 말고 인생을 바꾸기 위해 자신을 리더의 자질을 갖춘 사람으로 변화시킬 것인지 결단하면 됩니다.

중요한 건 지금의 내 모습이 아니라 변화하겠다는 의지입니다.

4. 메시지가 아니라 메신저다

사업 초기에 "내가 지금 ○○ 직급이라면 더 자신감 있게 사업을 전달할 텐데……"라면서 아쉬워하는 사람들도 있습니다. 이것은 이제 막 사업을 시작한 터라 아직 성과를 많이 내지 못한 상태에서 누군가에게 기회를 전달하는 것이 어색해서 드는 생각입니다. 내가 먼저 성공한 뒤에 전달해야 하지 않을까 하는 생각이 들기 때문입니다. 가끔은 상대방이 "네가 성공하면 그때 들어볼게"라고 말하는 경우도 있습니다.

여러분은 사업 비전을 전달하는 '메신저'이지 여러분 자체가 '메시지'는 아닙니다. 사람들은 여러분을 보고 사업을 결정하지 않습니다. 여러분의 권유로 사업을 보고 나면 그다음에는 회사와 사업 자체를 보고 결정합니다. 결국 여러분은 통로 역할만 충실히 수행하면 그만입니다. 객관적인 성공 지표를 보여주는 것이 중요하므로 여러분이 아직 성공하지 않았다고 자신감을 잃을 필요는 없습니다.

자신을 메신저가 아니라 메시지로 착각하면 자신보다 상황이 좋지 않은 사람, 도움이 필요할 것 같은 사람을 찾아다니는 실수를 합니다. 그런 사람에게는 왠지 자신감 있게 사업을 전달할 수 있을 것 같은 기분이 들기 때문입니다.

그런데 제 경험을 말하자면 네트워크 마케팅은 이미 돈을 잘 벌고 있는 사람이 더 우호적이고 개방적으로 받아들입니다. 사람은 상황이 어려우면 움츠러들고 객관적인 판단이 아니라 굉장히 보수적으로 판단하는 경향이 있습니다. 반면 기회를 찾거나 그것을 볼 준비를 갖춘 사람은 상황이 좋든 나쁘든 스스로 판단하고 선택합니다. 여러분이 먼저 선입견을 바탕으로 상대가 사업을 할 만한 사람인지 아닌지 판단하지 않길 바랍니다.

5. 지속과 반복이 너무 어려워요

어려운 것이 정상입니다. 그렇지만 모든 일에서 지속과 반복은 성공의 필수 조건입니다. 가령 공부를 잘하려면 지속적으로 반복해서 공부해야 합니다. 운동을 잘하려면 반복적으로 연습해야 합니다. 가수로 성공하기 위해서도 몇 년간 노래와 춤을 연습해야 하고 자기관리까지 필요합니다.

사실 지속과 반복으로 성공할 수 있다면 그건 정말로 공정한 일입니다. 만약 어떤 학생이 누구보다 열심히 공부했는데 고액의 족집게 과외를 받은 친구가 성적을 더 잘 받는다면 어떨까요? 운동을 정말 열심히 했는데 실력이 뒤떨어지는 친구가 부모의 힘으로 대신 대표선수에 뽑힌다면 어떨까요? 가수가 되려고 10년 넘게 연습생 생활을 견뎠는데 번듯한 집안의 딸이 1년 만에 데뷔하고 여러 방송에 출연한다면 어떨까요?

현실적으로 세상은 이렇게 돌아갑니다. 직장생활에서조차 20년간 열심히 일한 선배가 임원·부서장에서 제외되거나 희망퇴직 권고를 받는 게 현실입니다.

사람들이 네트워크 마케팅을 기회로 보는 이유는 지속과 반복으로 성공할 수 있고 또 그것만이 성공하는 유일한 방법이기 때문입니다. 학벌, 재산, 나이, 인맥에 상관없이 지속적으로 반복하면 성공할 수 있는 일이 네트워크 마케팅인데 아직도 어려워서 자신이 없나요?

6. 성실함의 진짜 의미

네트워크 마케팅 사업을 시작하면 새로운 자신을 발견합니다. 그것은 트레이닝을 받으면서 발전하는 모습일 수도 있고, 직장생활을 하거나 자영업을 할 때 알지 못했던 단점일 수도 있습니다. 저는 직장생활을 할 때

지각하거나 업무시간에 느슨하게 일하거나 개인적인 사정으로 출근하지 않은 적이 없습니다. 자영업을 하시는 분도 가게를 마음대로 열지 않은 적은 없을 겁니다. 실제로 사람들은 대부분 자기 책무를 성실하게 수행합니다. 그리고 그중에서도 좀더 성실하게 열심히 사는 사람들이 네트워크 마케팅 사업을 시작합니다. 대안이 필요하다고 생각하는 사람은 그럭저럭 살지 않습니다. 치열하게 열심히 살면서 한계를 깨닫다보면 대안의 필요성도 느끼는 것입니다.

그런데 그런 그들이 네트워크 마케팅 사업을 시작하면서 종종 '당황스러운 나'와 마주하는 경우가 있습니다. 직장생활에서든 자영업에서든 자기 나름대로 성실하게 살아왔다고 자부했는데 네트워크 마케팅 사업을 하면서 충분히 성실하지 않다는 걸 깨닫는 겁니다.

왜 이런 일이 생길까요? 착각에서 벗어나 보잘것없는 자신을 알게 된 것일까요? 아닙니다. 조건이 바뀌어서 그런 겁니다. 직장생활도 자영업도 우리가 어떻게 느끼는가와 상관없이 여러 가지 규칙과 통제 아래에 있습니다. 우리는 학창 시절부터 그렇게 살아왔기에 그 안에서 성실하게 사는 것이 자연스럽고 거기에 익숙합니다.

그러나 네트워크 마케팅은 각자 '내 사업'을 하는 것이므로 사업자가 일하는 시간과 양에 대해 어떠한 통제도 받지 않습니다. 이것은 한편으로 내 여건에 맞춰 자유롭게 사업을 한다는 이점이 있지만, 다른 한편으로는 통제가 없는 곳에서 성실하게 노력하기 위해 스스로 동기부여를 해야 한다는 문제도 있습니다. 나 이외에 나를 통제할 것이 아무것도 없는 이 사업에서 내가 일하도록 만드는 것은 나 자신밖에 없습니다.

통제 안에서 성실하던 내가 통제가 없는 상황에서 그렇지 않다고 좌절하거나 자아비판을 하기보다는 바뀐 상황을 이해하고 자기 자신을 통제할 수 있는 능력을 키워 나가야 합니다. 정말로 성실하다는 것은 누구의 통제를 받는 것이 아니라 스스로 내 목표를 위해 자신을 통제하는 것입니다. 이 역시 네트워크 마케팅 사업을 하면서 갖춰지는 리더의 자질입니다.

7. 간절한 꿈이 있었나요?

내 사업을 꾸준히 수행하기 위해 필요한 것은 뚜렷한 목표이며 그 목표는 곧 내가 원하는 인생의 모습입니다. 목표점이 없으면 아무리 똑바로 걸어가려 해도 쉽지 않지만 뚜렷한 목표점이 있으면 똑바로 걸을 수 있습니다. 당장 성과를 내야겠다는 욕심을 부리기 전에 이 사업을 하는 이유를 명확히 생각해보는 것도 중요합니다.

목표의 중요성

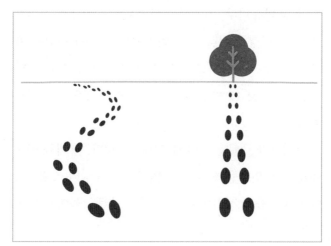

119

그렇다고 무언가 큰 꿈이 있거나 대단한 명분이 있어야 하는 것은 아닙니다. 내가 사고 싶은 아파트가 있다면 그 집을 목표로 사업을 해도 괜찮습니다. 부모의 노후를 책임진다거나 빚을 청산하고 싶다는 것도 하나의 목표입니다. 멋진 자동차가 목표일 수도 있습니다. 무엇보다 그 목표는 중간에 변할 수 있습니다. 무엇이 가장 내가 일하고 싶도록 만드는지 진지하게 생각해보기 바랍니다.

제 경우 처음 사업을 시작할 때와 지금의 사업 목표는 분명 다릅니다. 처음에는 가장으로서 아내와 아이에게 멋진 인생을 선물하는 것이 사업 목표였습니다. 제가 개인적으로 이루고 싶은 목표는 없었습니다. 아마 우선순위에서 제 자신보다 가족이 앞에 있었기 때문일 겁니다.

그러다가 새로운 목표가 생겨났습니다. 아내와 아이에게 멋진 인생을 선물할 수 있다는 가능성이 커질수록 마음의 여유가 생기면서 제 자신의 인생도 돌아보게 된 것입니다.

저는 글을 써서 책을 펴내는 작가가 되고 싶습니다. 이것은 생계를 위한 꿈이 아니기에 책이 많이 팔렸으면 좋겠다거나 유명한 작가가 되고 싶은 것과는 거리가 있습니다. 다만 경제적으로 충분히 여유로울 때 글을 쓰며 자유롭게 시간을 보내고 싶을 뿐입니다.

가족을 부양하느라 그동안 자신이 꿈꾸는 인생을 잊고 살아온 사람들이 네트워크 마케팅 사업으로 다시 꿈을 되찾았으면 좋겠습니다.

8. 명단작성의 의미

네트워크 마케팅은 인맥이 많아야 성공하는 사업이 아닙니다. 친하다고 무작정 제품을 쓰지는 않습니다. 사업도 마찬가지입니다. 아무리 친하고 신뢰가 깊은 사이여도 스스로 필요성을 느끼지 못하면 사업에 관심을 보이지 않습니다.

네트워크 마케팅은 이 사업을 필요로 하는 사람을 찾는 일입니다. 필요로 하는 사람에게 전달했을 때 제품도, 사업도 제대로 전달됩니다. 대신 이 사업을 필요로 하는 사람을 찾으려면 최대한 많은 사람에게 정보를 전달해야 합니다. 필요로 하는 사람이 알아서 찾아오지는 않기 때문입니다.

명단을 작성하지 않고 사람들을 만나거나 정보를 전달하는 사람은 얼마 지나지 않아 실망하고 맙니다. 마음속으로 이 사람은 나와 친하니까 제품을 쓸 것 같고 저 사람은 나를 신뢰하니까 사업도 알아볼 것이라고 생각했는데, 막상 부딪혀보면 그렇지 않기 때문입니다.

사람들은 일단 가능성이 커 보이는 몇 명에게 제품과 사업을 권유합니다. 하지만 제 경험상 친한 정도는 이 사업과 정말로 아무런 상관이 없습니다. 제 경우도 가장 친한 친구들은 제품을 사용하지도 않을뿐더러 심지어 제 지인 중 가장 심한 안티 역할을 하고 있습니다. 오히려 친분이 없던 사람들 중 제품의 안전성이나 건강에 관심이 많은 사람이 제가 건넨 정보를 고맙게 여기고 꾸준히 제품을 사용하면서 사업도 긍정적으로 검토합니다.

명단을 작성하지 않고 자기 나름대로 추측한 가능성 있는 사람들에게 정보를 전해주다가 기대와 다른 반응을 보이면 '나는 성공하지 못하는 걸까?' 하고 실망하는 경우가 많습니다. 애초부터 친한 정도나 자신을 신뢰하는 정도와 상관없이 명단을 작성해야 합니다. 그런 다음 정보를 전달하면 친한 몇 명이 기대만큼 우호적이지 않더라도 남은 명단이 있기 때문에 꾸준히 정보를 전달해 나갈 수 있습니다. 이들에게 네트워크 마케팅 사업의 매력인 '5퍼센트 현금 캐시백'과 '안정적인 추가소득'을 함께 설명하고 정보를 전달하면 됩니다.

9. 익숙한 생각에서 벗어나기

학창 시절과 사회생활을 할 때, 우리는 노동을 하면서 돈을 버는 방법만 배웠습니다. 노동으로 돈을 버는 사람에게는 당장 눈앞의 소득이 중요하기 때문에 그걸 포기하거나 줄이기가 무척 힘듭니다. 반면 자산으로 돈을 버는 사람들은 노동하는 시간보다 자산 구축이 훨씬 더 중요하다는 걸 충분히 이해합니다. 물을 양동이로 날라서 그날그날 물값을 버는 사람은 수도관을 만들기 위해 대가 없이 땅을 파는 사람을 잘 이해하지 못합니다. 실은 수도관을 완성하면 더 이상 노동을 반복할 필요 없이 안정적인 소득과 자유로운 시간을 누릴 수 있습니다.

그런데 오래된 생각 습관은 네트워크 마케팅 사업을 시작한다고 단번에 바뀌지 않습니다. 팀이라는 자산을 만드는 것보다 당장의 이익과 매출을 우선시하기 십상이고, 팀의 이해관계보다 내 이해관계에 더 욕심을 부리는 경우도 많습니다.

미팅 시스템보다 매출을 위한 약속을 우선시하거나 책 읽기와 강의 듣기 등 학습을 게을리 하는 것도 마찬가지입니다. 이것 역시 자연스러운 마음이기 때문에 의도적인 노력이 필요합니다. 네트워크 마케팅 사업을 하는 이유는 자산을 만들기 위해서입니다. 그리고 그 자산에서 나오는 돈으로 경제적 안정을 이루고, 내 가족에게 원하는 인생을 선물하기 위해서입니다. 그럼에도 불구하고 내 생각과 행동이 자꾸만 노동으로 돈을 버는 패턴에서 벗어나지 못하면 자산을 만들기 어렵습니다. 심지어 그것이 만들어지다가도 내 잘못된 선택으로 인해 무너지고 맙니다.

자산을 구축하려면 항상 '확장'을 염두에 두고 내 이익보다 최대한 많은 사람이 기회를 알아보도록 해야 합니다. 의식적으로 이익을 판단하는 눈을 멀리 두어야 하는 것입니다. 눈앞의 이익은 대체로 자산 구축과는 상관이 없습니다. 때로는 내 이익을 포기하거나 장기적인 안목으로 상대방의 타이밍을 기다려주어야 합니다.

일단 많은 사람이 제품에 만족하고 사업기회를 알아

보면 내가 확장을 멈추고 싶어도 멈출 수가 없습니다. 결국 각자의 자발적인 제품 사용과 확장, 사업 검토, 전달이 연쇄적으로 일어날 때 우리가 원하는 네트워크 자산이 완성됩니다.

10. 존경은 요구하는 것이 아닌 성취하는 것

 드디어 내 팀이 생기면 세상을 다 얻은 듯 굉장히 기쁩니다. 누군가에게 배우기만 하고 열심히 따르다가 내가 가르치고 리드할 수 있게 되었으니까요. 이제 사업을 전달하고 함께 성공하자고 다짐한 내 팀과 함께 열심히 하면 됩니다. 그대로 팀이 점점 커지면 자신이 원하던 인생에 더 빨리 다가갈 수 있습니다.

그런데 어느 순간부터 내 팀이 미워지기 시작합니다. 함께 열심히 하고 싶은데 노력하지 않는 것처럼 보이고 내 말도 잘 듣지 않는 듯합니다. 심지어 내 위의 업라인 사업자에게만 존경심을 보이고 나를 존경하는 마음은

조금도 없는 것 같습니다. 내가 아니었으면 사업을 전
달받지도 못했을 텐데 싶어서 왠지 소외감도 느껴지고
나를 무시하는 것 같은 기분도 듭니다. 그래서 더 미워
집니다.

내 팀이 생길 때, 즉 사업자 네트워크가 만들어질 때
많은 사람이 이런 심리적 혼란을 겪습니다. 나는 시작
할 때 저러지 않고 정말 잘했던 것 같은데 내 팀은 왠지
부족해 보입니다. 하지만 그건 착각에 불과합니다. 나
역시 잘하지 못했습니다. 단지 기억이 나지 않을 뿐입
니다.

더 중요한 것은 여러분은 존경을 받으려고 네트워크
마케팅 사업을 시작한 게 아니라는 사실입니다. 사업의
본래 목적과 내 팀이 나를 존경하는 것은 별개의 문제입
니다. 네트워크 마케팅 사업에서 팀이 생긴 것은 정말
행복한 일입니다. 서로 인격을 존중하면서 함께 잘 해
낼 방법을 공유하면 팀이 생긴 것만큼 행복한 일도 없습
니다.

새로 시작하는 사람은 배우는 자세를 갖추고 업라

인 사업자는 인격을 존중하면서 트레이닝을 성실히 수행해야 합니다. 서로의 부족함을 지적하는 것이 아니라 각자 자신이 수행해야 할 일을 하면 그만입니다. 존경은 요구하는 것이 아니고 성취하는 것입니다.

조직은 인격 아래에 있습니다. 어떤 조직도 인격 위에 군림하는 것을 정당화할 수는 없습니다. 인사팀, 감사팀이 있는 조직에서도 인격이 존중받지 못하는 경우는 셀 수 없이 많습니다. 특히 인사팀도 감사팀도 없는 네트워크 마케팅 조직에서 서로를 존중하는 것은 중요도가 아니라 조직의 생존에 필수적인 문제입니다.

대안이 필요한 시대:
100세 시대와 4차 산업혁명

우리의 부모님 세대가 가족을 부양하고 노후를 준비한 모든 공식은 100세 시대에는 무용지물입니다. 경제활동기간보다 노후가 더 긴 시대에는 은퇴하기 전에 12~15억 원을 벌어놓지 않는 이상, 노후기간에도 생활을 유지할 소득 도구를 만들어놔야 합니다.

20~30년 후부터 받을 연금은 미래의 물가를 생각하면 노후 준비 도구로 적합하지 않습니다. 우리는 이미 노인의 생계가 어렵다는 기사와 아파트 경비원 자리마저 경쟁이 치열해 중년층이 차지하고 있다는 기사를 늘 접하고 있습니다.

노후를 준비하지 않으면 폐지를 주우며 생계를 이어가야 할지도 모른다는 위협은 더 이상 의미가 없습니다. 우리의 미래에는 인공지능의 발전으로 그런 단순한 노동마저 남아 있지 않을 겁니다. 우리가 노후에 할 수 있는 단순한 일은 그 전에 사라지기 때문에 노후 준비는 생존과 직결되는 문제입니다.

4차 산업혁명은 우리가 100세 시대만큼 미리 대비해야 할 커다란 변화입니다. 평생 바둑에 전념해온 전 세계 고수들이 컴퓨터에 패배할 정도로 지금은 인공지능 기술이 발달했습니다. 앞으로 물건을 옮기는 일, 분류하는 일, 간단한 계산, 일정을 챙기는 일 등 단순한 업무는 모두 인공지능과 로봇이 대체할 전망입니다.

로봇 상용화가 먼 미래의 일로 느껴집니까? 기술은 이미 완성 단계에 있고 단지 비용적인 검토만 남아 있을 뿐입니다. 사람 한 명을 고용하는 데 매년 들어가는 엄청난 인건비와 복지, 노조, 파업 등을 고려하면 로봇 하나를 고용하는 것이 기업에 더 큰 이득입니다.

로봇 상용화가 이뤄질 때 지금의 내 일자리는 안전할

까요? 그 시점을 언제로 예상하나요? 미래학자 토머스 프레이(Thomas Frey)는 2030년까지 20억 개의 일자리가 사라질 것이라고 말했습니다. 2030년은 이제 10여 년 밖에 남지 않았습니다. 내 일자리는 사라지는 20억 개에 포함되지 않을까요? 대안은 지금 찾아야 합니다. 아프기 전에 몸의 건강을 관리하듯 위기가 오기 전에 대안을 마련해야 하는 것입니다.

미래를 앞두고 사람들은 모두 대안을 하나씩 준비하고 있을까요? 주변을 둘러보면 그렇지 않을 겁니다. 지금 당장은 사는 게 괜찮기 때문입니다. 100세 시대를 처음 맞는 세대이므로 아직 얼마나 위태로운 상황이 다가올지 무감각한 것도 이해가 갑니다.

만약 모두 대안을 준비하는 상황에서 나만 하지 않고 있다면 얼마나 불안할까요? 아직은 친구도 이웃도 다 같이 아무런 준비를 하지 않는 상태라 별로 불안하지 않을 겁니다. 매일 5,000원짜리 커피를 마시고 중대형 승용차를 몰며 간혹 해외여행을 다니다 보니 당장 위험이 느껴지지 않는 것입니다.

앞으로 3년 후, 5년 후까지도 아마 괜찮을 겁니다. 문제는 우리가 위험을 느낄 정도로 그것이 가까이 다가오면 어떠한 대안도 소용이 없다는 데 있습니다. 당장 일자리를 잃었을 때 눈앞의 생계를 무시하고 장기적인 안목으로 대안을 준비할 수 있을까요?

편안할 때라야 준비할 여유도 있는 법입니다. 그게 바로 지금일 수 있습니다. 아주 빠른 것은 아니지만 그렇다고 완전히 늦은 것도 아닙니다.

"미래가 이렇게 변합니다. 그러니 준비해야 합니다"라는 말은 일기예보와 같습니다. 비가 온다는 일기예보를 듣고도 우산을 챙기지 않았는데, 다른 사람들도 우산을 가져오지 않아 슬그머니 안심한 적이 있을지도 모릅니다. 다 같이 우산이 없다고 해서 비가 내리지 않는 것은 아닙니다. 우산을 가져오지 않은 사람들 여럿이 함께 비를 맞는 일은 추억일 수도 있으나 미래학자들이 말하는 노동의 위기는 그렇게 낭만적이지 않습니다.

모든 미래학자가 수명이 길어지고 인공지능이 발달하는 우리의 미래를 '노동의 위기', '노동의 종말'로 예

측하고 있습니다. 매일 노동해서 버는 돈에 의지하는
우리에게는 노동의 위기가 곧 생계의 위기입니다. 위기
와 기회는 함께 온다는 말이 있는데 위기는 이미 우리
쪽으로 출발했습니다.

우리에게는 그 위기를 기회나 대안을 갖고 맞이할지
아니면 그냥 기다릴지의 문제가 남아 있습니다. 네트워
크 마케팅 사업을 검토하기 이전에 노동의 미래에 대해
전문가들이 말하는 정보에 귀를 기울이기 바랍니다.

선입견을 버리면 기회가 되는 네트워크 마케팅

정상적인 네트워크 마케팅과 불법 회사를 비교하면
서 자연스럽게 네트워크 마케팅의 개념도 이해했을 것
이라고 생각합니다. 앞으로 네트워크 마케팅은 점점 확
장되어 주변에 네트워크 마케팅 회사의 제품을 사용하
는 소비자가 늘어나고, 네트워크 마케팅 사업으로 돈을
버는 사람도 늘어날 것입니다.

20년 전, 10년 전보다 네트워크 마케팅에 대한 인식이 많이 좋아진 것처럼 앞으로 10년 후에는 네트워크 마케팅이 지금의 대형마트나 편의점 같이 당연한 유통 형태로 자리 잡을 것입니다.

선입견이 있던 사람들, 반대하던 사람들조차 네트워크 마케팅을 이해하고 나면 사업을 결정하는 이유가 무엇일까요? 그만큼 설득력이 있는 사업이라면 어떤 사업인지 검토해봐야 하지 않을까요? 그러면 적어도 몰라서 기회를 놓치는 일은 막을 수 있습니다. 알고 나서 합류할지 말지 선택하는 건 본인의 몫입니다.

중요한 것은 네트워크 마케팅이 어떤 사람들에게는 상당히 큰 기회라는 사실입니다. 어느 리더 사업자의 강의 중에 인상적인 말이 있었습니다.

"인생에는 세 번의 기회가 온다고 하는데, 그럼 마음을 열고 그 기회를 기다리며 살고 있나요? 마음을 열고 기회를 찾고 있나요?"

기회는 한 번에 알아보기 힘들다는 말도 있습니다. 기회를 알아보는 눈도 일종의 능력일 것입니다. 그러나 네트워크 마케팅은 기회를 알아보는 능력이 있는 사람에게만 기회를 주는 게 아닙니다. 네트워크 마케팅은 평범한 사람이 성공하도록, 평범한 사람이 기회임을 알아보도록 많은 노력을 기울이고 있습니다. 많은 사람이 성공하도록 도와야 나도 성공하는 사업이기 때문입니다. 선입견을 버리고 정상과 비정상을 구분하는 기준을 안다면 네트워크 마케팅은 여러분에게 기회일 수 있습니다.

가입비나 투자금을 내라고 하는 회사는 피하십시오. 제품 유통 없이 사람을 끌어 모으라고 하는 회사도 피해야 합니다. 큰 돈을 쉽게 벌 수 있다는 말은 거짓말입니다. 돈을 쉽게 벌고 싶다는 욕심을 버리고 냉정하게 객관적인 정보를 확인하면 불법 회사는 쉽게 걸러낼 수 있습니다.

정상적인 네트워크 마케팅 회사를 선택한다면 다른 어떤 방법보다 리스크 없이 대안을 준비할 수 있습니다. 현재의 직업과 소득을 유지하면서 시작할 수 있고 무엇보다 추가로 돈을 지출할 필요가 없습니다. 다만 사용하는 제품의 브랜드를 바꾸고 자신과 똑같이 실천하는 사람만 늘려 가면 됩니다.

매장을 낼 필요도, 재고를 쌓아둘 필요도 없습니다. 어느 사업에나 필요한 자본과 경험 없이 시작하면서 미래를 준비하는 한편, 내가 살고 싶은 인생에 가까이 다가갈 수 있는 사업이 네트워크 마케팅입니다.

사람들의 선입견은 점차 나아질 것입니다. 충분히 좋아질 때까지는 내 주관으로 사람들의 선입견을 이겨 나가면 됩니다. 다른 사람보다 '먼저' 시작하는 것은 중요하지 않습니다. 언제 시작하든 자산을 일찍 구축할수록 경제적으로 풍요로운 은퇴를 앞당길 수 있습니다. 미래를 위해 내 노력을 투자하기에 3년에서 5년은 그리 긴 시간이 아닙니다. 많은 정보를 찾고 비교하고 검토하기 바랍니다.

소중한 인생을 위해 성실하게 노력하는 여러분 모두의 성공을 진심으로 기원합니다.

선입견을 버리면 기회가 되는
네트워크 마케팅

1판 1쇄 찍음 2017년 4월 3일
1판 7쇄 펴냄 2022년 10월 15일

지 은 이 남택수
펴 낸 이 배동선
      마케팅부/최진균
펴 낸 곳 아름다운사회
출판등록 2008년 1월 15일
등록번호 제2008-1738호
주   소 서울시 강동구 양재대로 89길 54 202호(성내동) (우: 05403)
대표전화 (02)479-0023
팩   스 (02)479-0537
E-mail assabooks@naver.com

ISBN : 978-89-5793-193-6   03320
값 5,500원